Jo-Jo 1

Fibel
Arbeitsheft
Druckschrift

erarbeitet von Nicole Namour

Fachliche Beratung
zur Silbenstrategie, zum Verlängern,
zum Ableiten und zu Merkwörtern
Günter J. Renk

Jo-Jo 1

Fibel
Arbeitsheft
Druckschrift

Erarbeitet von
Nicole Namour

Fachliche Beratung zur Silbenstrategie
Günter J. Renk

Unter Beratung von
Anna Marie Holz (Herdorf), Stefanie Marx (Freudenberg), Kerstin Metz (Ludwigsburg),
Matthias Meyenburg (Rottweil), Katja Simon (Rodgau)

Redaktion
Nicole Namour, Kirsten Pauli

Illustrationen
alle Lautbilder (außer Oma) von **Manuela Ostadal**;
alle sw-Illustrationen, Jojo-Hunde, Nina- und Nino-Figuren, Lautbild Oma von **Barbara Jung**
Manuela Ostadal: S. 3, 5, 6, 8, 9, 10, 11, 12, 13, 14, 16, 18, 20, 21, 22, 24, 25, 27, 28, 29, 30, 31, 33, 34, 35, 36, 38, 39,
40, 42, 44, 49, 53, 54, 56, 58, 59, 60, 61, 62, 64, 67, 70, 71, 80, 82, 84, 86 (ohne Figuren), 91
S. 23 (Aufgabe 1, Salat, Salami), 32 (Aufgabe 1), 37 (Aufgabe 1, 3), 43 (Aufgabe 1, 2), 45 (Aufgabe 1, 2), 46 (Aufgabe 2),
47 (Aufgabe 1), 48 (Aufgabe 1, 2), 50 (Aufgabe 1), 51 (Aufgabe 1), 83 (Aufgabe 2), 92 (Aufgabe 2, 3), 94, 95 (Aufgabe 1)
Euro/Euro-Cent: Cornelsen Verlag/Manuela Ostadal/Deutsche Bundesbank, Luc Luycx aus Belgien
Barbara Jung: Figuren auf den Seiten: 3, 5, 6, 8, 9, 10, 11, 12, 13, 16, 18, 20, 21, 22, 28, 29, 31, 33, 38, 39, 40, 44, 49,
55, 64, 71, 86
S. 4, 7, 15, 17, 19, 23 (Salatschüssel, Lisa), 26, 32 (Aufgabe 2), 37 (Aufgabe 2), 41, 43 (Aufgabe 3), 45 (Aufgabe 3), 46
(Aufgabe 1), 47 (Aufgabe 2), 48 (Aufgabe 3), 50 (Aufgabe 2), 51 (Aufgabe 2), 52, 57, 63, 65, 68, 72, 73, 75, 76, 77, 78,
79, 81, 83 (Aufgabe 1), 85, 87, 88, 89, 90, 92 (Aufgabe 1), 93, 95 (Aufgabe 2, 3), U3
Imke Sönnichsen: S. 55 (oben)
Gabriele Heinisch: Kapitelvignetten

Umschlagillustration
Dorothee Mahnkopf

Gesamtgestaltung
Heike Börner, orangerie-grafikdesign

Layout und technische Umsetzung
Reemers Publishing Services GmbH

Bildquellen
S. 80/1 stock.adobe.com/Mario, S. 80/2 stock.adobe.com/Manfred Richter, S. 80/3 stock.adobe.com/Aggi Schmid

www.cornelsen.de

1. Auflage, 1. Druck 2023

Alle Drucke dieser Auflage sind inhaltlich unverändert und können im Unterricht nebeneinander verwendet werden.

© 2023 Cornelsen Verlag GmbH, Berlin

Druck: ppm Fulda GmbH & Co. KG, Fulda

ISBN 978-3-464-81205-1
ISBN 1100028077 (Lösungsdownload für das Arbeitsheft und den Beileger)

PEFC-zertifiziert
Dieses Produkt
stammt aus
nachhaltig
bewirtschafteten
Wäldern und
kontrollierten Quellen

PEFC
PEFC/04-31-1308   www.pefc.de

1

2

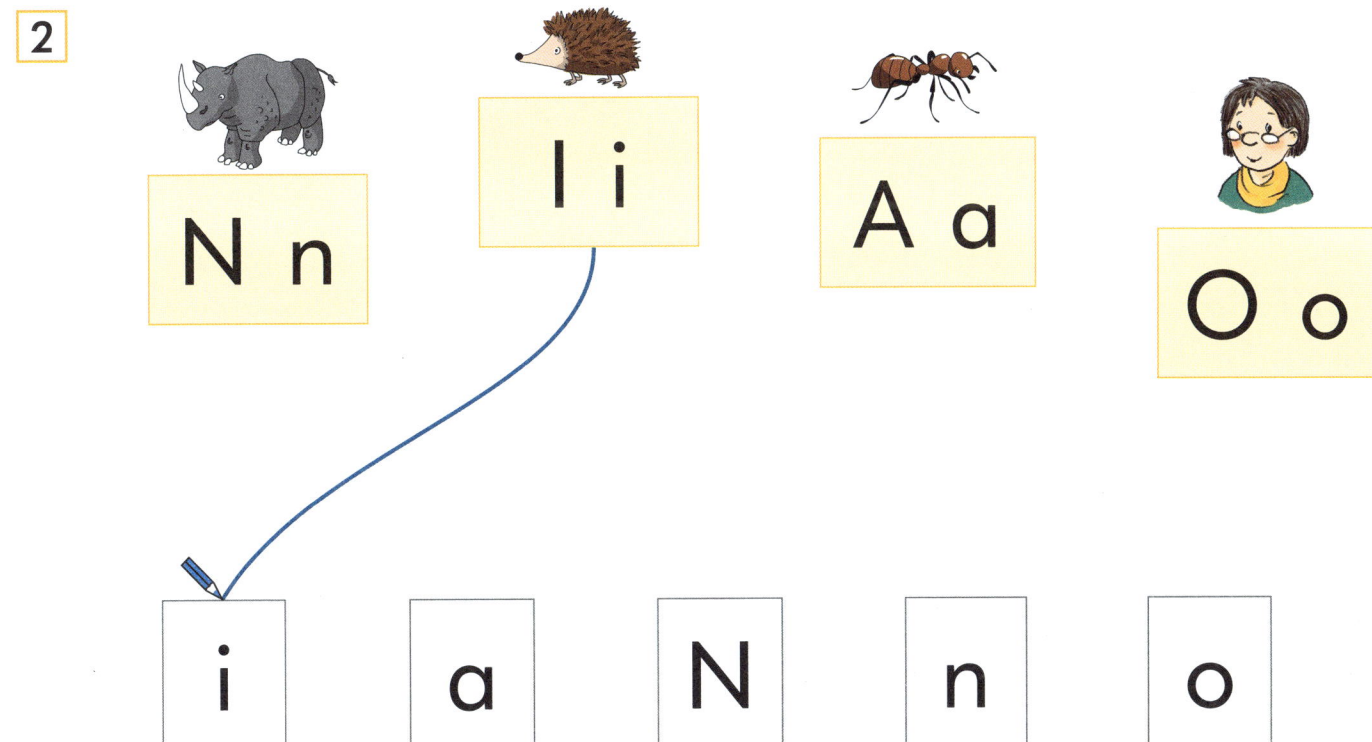

zu Fibelseite 2/3
1. Anlautbilder den Buchstaben zuordnen; Namen mithilfe der Anlautbilder erlesen; Unterschiede am Wortende erarbeiten; Namen silbierend sprechen
2. Buchstabenbilder mit Buchstaben verbinden

3

1

| i | n | N | a |

| i | n | N | o |

|  | i | n | a |

| | i | n | o |

2

| i | n | N | a |

| i | n | N | o |

| N | | n | a |

| N | | n | o |

3

| i | n | N | a |

| i | n | N | o |

| N | i | | a |

| N | i | | o |

zu Fibelseite 2/3
1.–3. Lückenwörter erlesen; fehlenden Buchstaben ermitteln; diesen aus den Auswahlbuchstaben auswählen und mit der Lücke verbinden

1

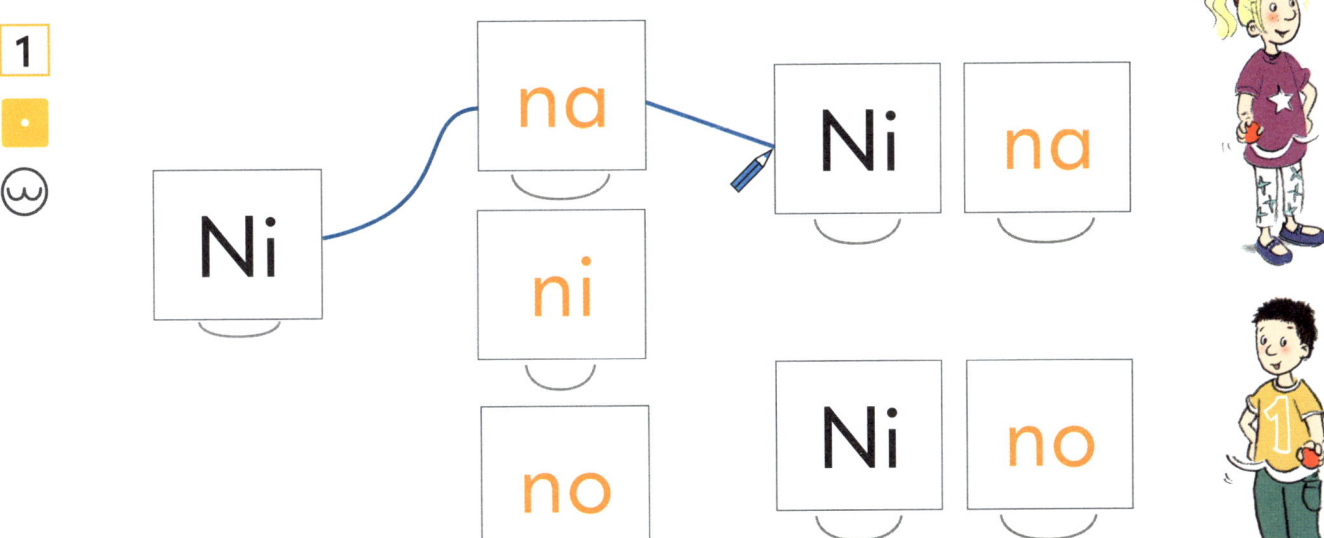

2

	i	a	o
N	Ni	Na	No
n	ni	na	no

3

Nina   Nina   Nino

zu Fibelseite 3
1. Silben einzeln erlesen; zueinander passende Silben und Abbildung miteinander verbinden
2. Einführung *Silbenteppich*: Lesart besprechen; Einführung *Silbenkönige* (mit Krone); Partnerarbeit: abwechselnd Silben laut vorlesen (senkrecht und waagerecht)
3. Silbenkönige benennen; Namen erlesen, Silben sprechschwingen und Silbenkönige einkreisen

5

N n

7

2

   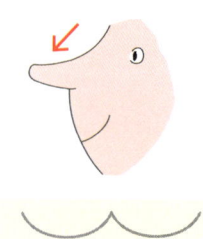

3

 ⟶

Ⓝ ⟶ Ⓝ I N A O N I N A I

ⓝ ⟶ a n i n o i n a i n o

zu Fibelseite 6/7
1. Begriffe sprechen; Begriffe einkreisen, in denen ein N/n-Laut zu hören ist (7x)
2. Begriffe sprechschwingen; Silbenbögen nachspuren und einzeichnen
3. großes und kleines N/n erkennen und einkreisen

N i n a

N i n a

N i n a

N i n a

N i n a

N i n o

N i n o

N i n o

N i n o

N i n o

Ni Nino ni nini

Na Nani na nana

No Nona no nono

zu Fibelseite 6/7
1. Silben analysieren und synthetisieren: Einzellaute sprechen; Einzellaute zu Silben zusammenziehen; Silben zu Wörtern zusammenziehen; optional: Silbenbögen
und Nino nachspuren
2. Einzelsilben und Zweisilber erlesen; Silbenbögen einzeichnen

 7

I i

1

2

③

3

I ⟶ N **Í** N A I N I N A I

i ⟶ a n i n o i n a i n o

zu Fibelseite 8/9
1. Begriffe sprechen; Begriffe einkreisen, in denen der lange I/i-Laut zu hören ist (8x)
2. Begriffe sprechschwingen; Silbenbögen einzeichnen
3. I und i erkennen und einkreisen

l i

1

7

2

3

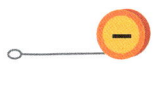   

Nino   in   Ina   Nina

zu Fibelseite 8/9
1. Begriffe sprechen; Begriffe einkreisen, in denen der kurze I/i-Laut zu hören ist (7x)
2. Begriffe sprechschwingen; Silbenbögen einzeichnen
3. Wörter erlesen und den Abbildungen zuordnen

 9

 **A a**

Aaaa

1

8

2

3  → NINA INA AN NA INA

 → Ina Nina in an Ina na

zu Fibelseite 10/11
1. Begriffe sprechen; Begriffe einkreisen, in denen der lange A/a-Laut zu hören ist (8x)
2. Begriffe sprechschwingen; Silbenbögen einzeichnen
3. A und a erkennen und einkreisen

A a

1

7

2

3

an

Nina

Ina

an

zu Fibelseite 10/11
1. Begriffe sprechen; Begriffe einkreisen, in denen der kurze A/a-Laut zu hören ist (7x)
2. Begriffe sprechschwingen; Silbenbögen einzeichnen
3. Wörter erlesen und nachspuren; in Lineatur abschreiben; Silbenbögen einzeichnen

11

O o

Oooo

1

8

2

③

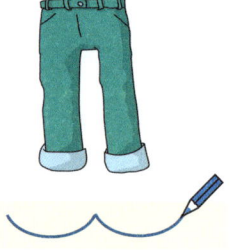   

3

O ⟶ NINO NOA JOJO

o ⟶ o n a i n o a n o i n a o n

zu Fibelseite 12/13
1. Begriffe sprechen; Begriffe einkreisen, in denen der lange O/o-Laut zu hören ist (8x)
2. Begriffe sprechschwingen; Silbenbögen einzeichnen
3. O und o erkennen und einkreisen

O o

1

9

2

3

Noa

Nino

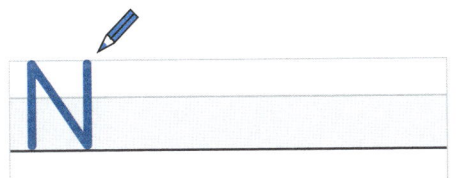

N

zu Fibelseite 12/13
1. Begriffe sprechen; Begriffe einkreisen, in denen der kurze O/o-Laut zu hören ist (9x)
2. Begriffe sprechschwingen; Silbenbögen einzeichnen
3. Wörter erlesen und nachspuren; in Lineatur abschreiben; optional: Silbenbögen setzen

13

Silbenbögen

1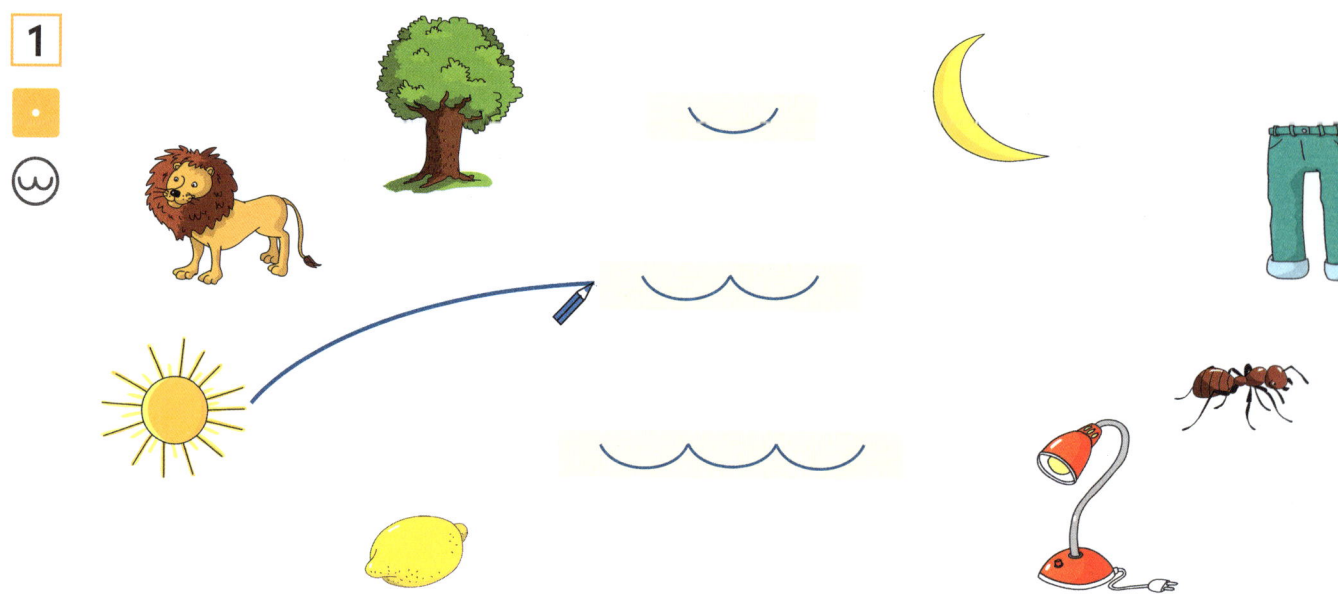

2

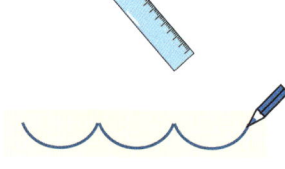   

3

Noa 	Nina	in
Nino	an	Ina

Sonderseite *Silbenbögen*:
1. Begriffe sprechen; Silben schwingen; Silbenanzahl ermitteln; Begriff mit passendem Silbenfeld verbinden
2. Begriffe sprechschwingen; Silbenbögen nachspuren und einzeichnen
3. Wörter erlesen und sprechschwingen; Silbenbögen einzeichnen

 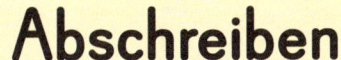

Nina

So:

 1. sprechen

Nina

 2. merken

Nina

 3. schreiben

Nina

 4. prüfen

Nina

Nino

Sonderseite Abschreiben:
Einführung *Abschreibtechnik*: Verben (1.–4.) erlesen bzw. vorlesen lassen; Abschreibschritte und Symbol kennenlernen: 1. Sprechen (Mund) → 2. Merken
(Gedankenblase) → 3. Schreiben (Stift) → 4. Prüfen (Haken)
Bild von Nino betrachten; Namen nach den Abschreibschritten in Schreiblinie schreiben

T t

1

8

2

ω

3

Toni   A**ni**ta   Jo**jo**   Ni**na**

zu Fibelseite 14/15
1. Begriffe sprechen; Begriffe einkreisen, in denen ein T/t-Laut zu hören ist (8x)
2. Begriffe sprechschwingen; Silbenbögen einzeichnen
3. Wörter erlesen und den Abbildungen zuordnen; das Ganzwort Jojo wurde bereits in der Fibel eingeführt

	 o	a	i
T	To	Ta	Ti
N	No	Na	Ni
n	no	na	ni

To Ta

2

○ Anoti in Not

○ Anato in Not

○ Anita in Not

3

Tita   Titato   tito   titota

Tato   Tatoti   tati   tatito

Toti   Totita   tota   totati

zu Fibelseite 14/15
1. Partnerarbeit: abwechselnd Silben laut vorlesen (senkrecht und waagerecht); alle Silben abschreiben
2. Einführung *Auswahlsätze ankreuzen*: Wortgruppen erlesen und zum Bild passende ankreuzen
3. Zwei- und Dreisilber erlesen; Silbenbögen einzeichnen

17

M m

1

7

2

3

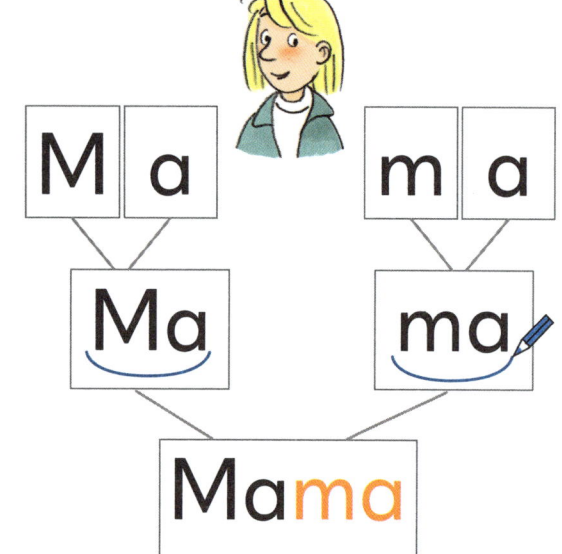

M	a		m	a
Ma			ma	
Mama				

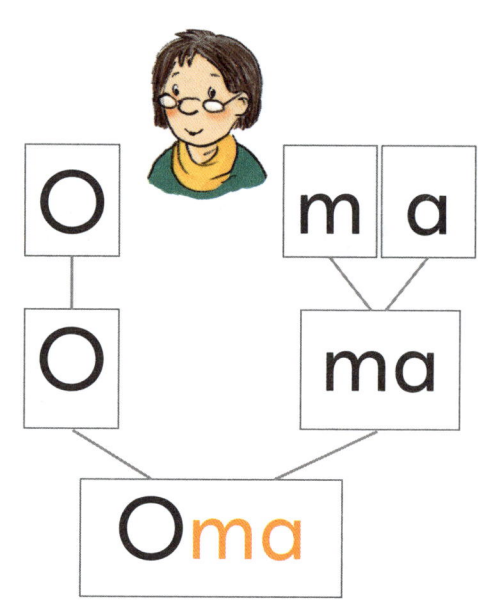

O			m	a
O			ma	
Oma				

zu Fibelseite 16/17
1. Begriffe sprechen; Begriffe einkreisen, in denen ein M/m-Laut zu hören ist (7x)
2. Begriffe sprechschwingen; Silbenbögen einzeichnen   **3.** Partnerarbeit: Silben analysieren und synthetisieren: Einzellaute sprechen; Einzellaute zu Silben
zusammenziehen; Silben zu Wörtern zusammenziehen; Silbenbögen setzen

1

am	im	mit	am

2

○ Mama am

○ Mama im

○ Oma mit Nina

○ Mama mit Nina

3

	o	i	a
M	Mo	Mi	Ma
m	mo	mi	ma
T	To	Ti	Ta

Mo Mi

zu Fibelseite 16/17
1. Partnerarbeit: Bilder beschreiben; Präpositionen erlesen; Bilder mit den passenden Wörtern verbinden
2. Wortgruppen erlesen und zu den Bildern passende Wortgruppe ankreuzen
3. Partnerarbeit: abwechselnd Silben laut vorlesen (senkrecht und waagerecht); alle Silben abschreiben

19

L l

1

8

2

Lama　　Oma　　Mama　　Ali

3 ⟶ a　i　o

③

Mama mit Lama Lola

Nina malt Lama Lola.

zu Fibelseite 22/23
1. Begriffe sprechen; Begriffe einkreisen, in denen ein L/l-Laut zu hören ist (8x)
2. Wörter erlesen und den Abbildungen zuordnen
3. Wortgruppen erlesen und sprechschwingen; Silbenbögen setzen; Silbenkönige benennen und rot nachspuren

1

2

○ Ali malt Lama Lola.

○ Nina malt Lama Lola.

○ Ali malt Nina lila an.

○ Ali malt mit Nino.

3

	a	o	i
L	La	Lo	Li
M	Ma	Mo	Mi
N	Na	No	Ni

La Lo

zu Fibelseite 22/23
1. Einführung *Unterscheidung von An- und Folgelaut:* Begriffe abhören und ankreuzen, ob der L/l-Laut am Wortanfang oder später im Wort zu hören ist
2. Sätze erlesen und zu den Bildern passenden Satz ankreuzen
3. Partnerarbeit: abwechselnd Silben laut vorlesen (senkrecht und waagerecht); alle Silben abschreiben

21

S s

1

9

2

Simon   **Lisa**   **Salami**   **Salat**

3

 ⟶ **a**   **i**   **o**

Lisa soll mit.

Simon ist am Mist.

zu Fibelseite 24/25
1. Begriffe sprechen; Begriffe einkreisen, in denen ein S/s-Laut zu hören ist (9x)
2. Wörter erlesen und den Abbildungen zuordnen
3. Sätze erlesen und sprechschwingen; Silbenbögen setzen; Silbenkönige benennen und rot nachspuren

1

	X	

X ✏		

2

○ Salat ist also lila.

○ Im Salat ist Salami.

○ Simon ist im Salat.

3

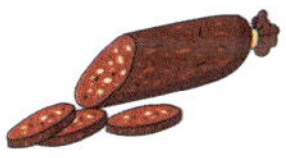

Si — mon — **Simon**

Li   sa

Sa   la

      mi

4

🐾 See sammeln so

See ✏

zu Fibelseite 24/25
1. Begriffe abhören und ankreuzen, ob der S/s-Laut am Wortanfang oder später im Wort zu hören ist   2. Sätze erlesen und zum Bild passenden Satz ankreuzen
3. Begriffe sprechschwingen; Abbildungen mit der passenden Silbenfolge verbinden; Wörter aufschreiben; Silbenbögen setzen
4. Wörter abschreiben und Silbenbögen setzen

23

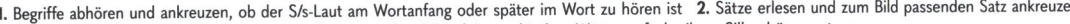

E e

7

2

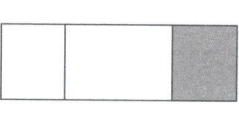

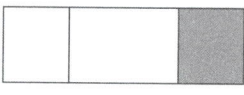

3

	🌷 e	🌷 o	🌷 i	🌷 a
l	le	lo	li	la
t	te	to	ti	ta
s	se	so	si	sa

le lo

zu Fibelseite 30/31
1. Begriffe sprechen; Begriffe einkreisen, in denen der lange E/e-Laut zu hören ist (7x)
2. Begriffe abhören und ankreuzen, ob der E/e-Laut am Wortanfang oder später im Wort zu hören ist
3. Partnerarbeit: abwechselnd Silben laut vorlesen (senkrecht und waagerecht); alle Silben abschreiben

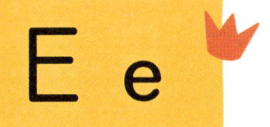

E e

1

Ente   Nase   Insel   Mantel

---

2 Male:

Alle Enten essen Salat.

Ninas Mantel ist lila.

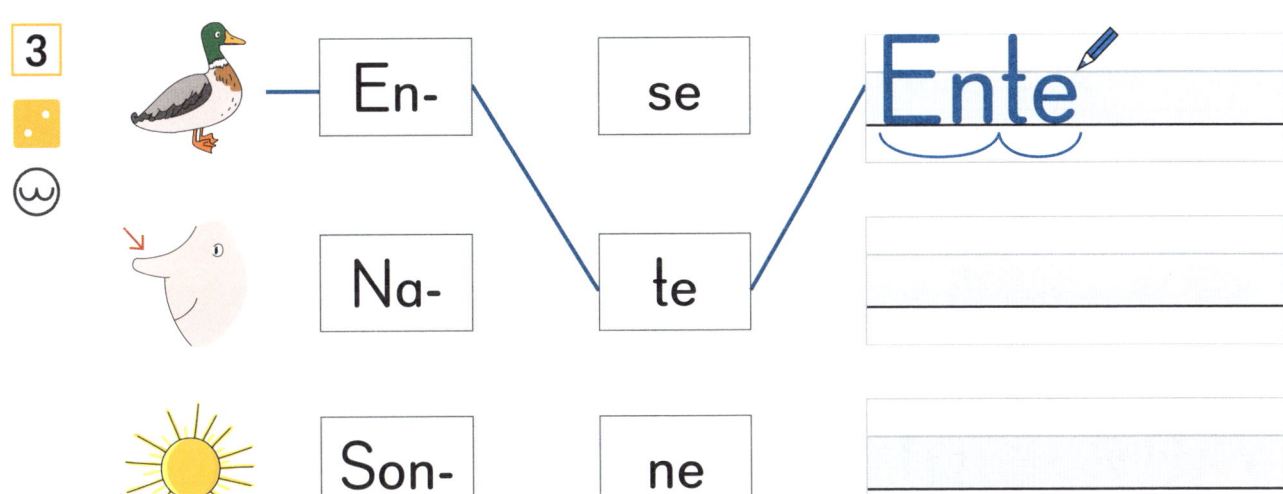

3

En-	se	**Ente**
Na-	te	
Son-	ne	

zu Fibelseite 30/31
1. Wörter erlesen und den Abbildungen zuordnen
2. Einführung *Lese-Mal-Aufgabe*: Sätze erlesen und Abbildung nach Textvorgabe ergänzen
3. Begriffe sprechschwingen; Abbildungen mit der passenden Silbenfolge verbinden; Wörter aufschreiben; Silbenbögen setzen

25

E e

1

malen lesen essen messen

2

○ Nina ist im See.
○ Nina ist im Tee.

○ Tinte Lena ist nett.
○ Tante Lena ist nett.

○ Esel messen Salat.
○ Esel essen Salat.

3 A E e i

Alle Enten essen Linsen.

zu Fibelseite 30/31
1. Wörter erlesen und den Abbildungen zuordnen
2. Sätze paarweise erlesen und richtige Aussage ankreuzen
3. Satz erlesen und sprechschwingen; Silbenbögen setzen; Silbenkönige benennen und rot nachspuren

1

See Sonne Nino essen

Tino Tee messen Tonne

2

Tee
See

Tonne

3

t̶e̶ ne   sel tel

Ente
Son

Man
In

---

zu Fibelseite 30/31
1. Wörter erlesen; Reimwörter miteinander verbinden 2. Abbildungen benennen, sprechschwingen; Wörter erlesen und nachspuren; farbigen Buchstaben im Minimalpaar austauschen und Wort aufschreiben 3. Endsilben erlesen; Abbildungen benennen und sprechschwingen; passende Endsilbe ergänzen und im Kasten ausstreichen;
Silbenkönig in Endsilbe einkreisen; optional: Silbenbögen setzen

27

P p

1

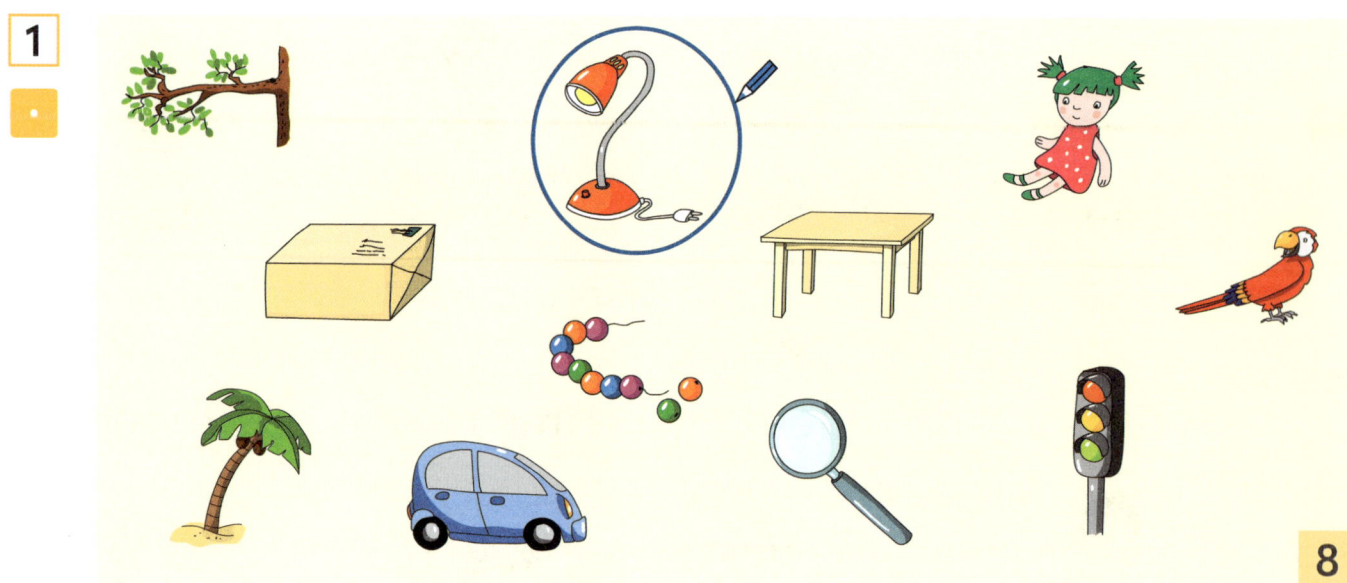

8

2

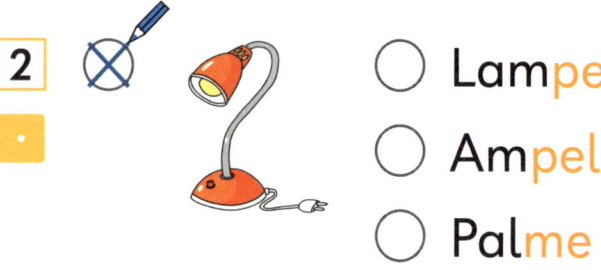

○ Lampe
○ Ampel
○ Palme

○ Papa
○ Paola
○ Opa

3

○ Im Sessel ist Papa.
○ Im Sessel ist Opa.

○ Paola malt Lampen.
○ Paola malt Polli.

zu Fibelseite 32/33
1. Begriffe sprechen; Begriffe einkreisen, in denen ein P/p-Laut zu hören ist (8x)
2. Wörter erlesen und zum Bild passendes Nomen ankreuzen
3. Sätze erlesen und zum Bild passenden Satz ankreuzen

1

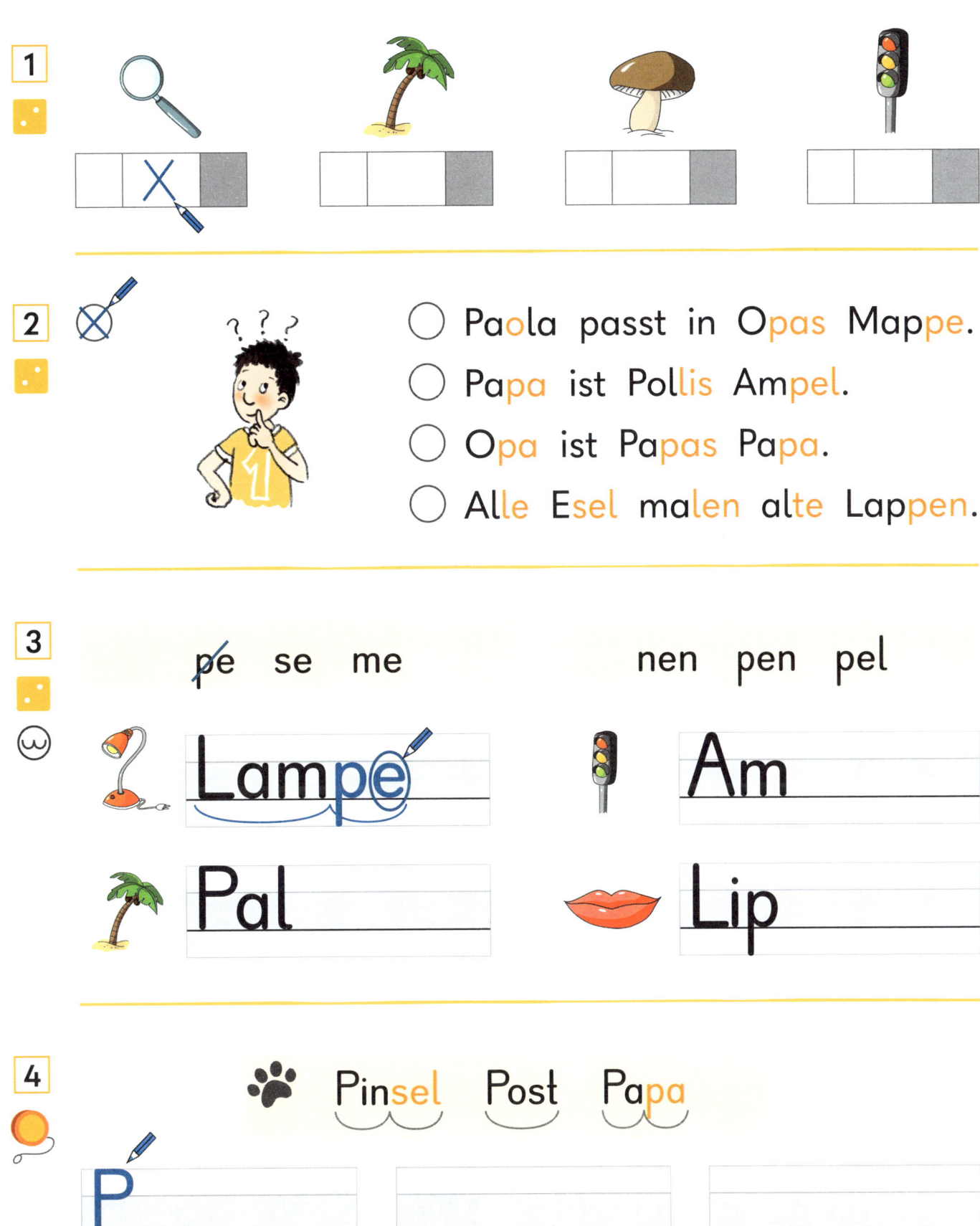

2

○ Paola passt in Opas Mappe.

○ Papa ist Pollis Ampel.

○ Opa ist Papas Papa.

○ Alle Esel malen alte Lappen.

3

pe   se   me   nen   pen   pel

Lampe

Pal

Am

Lip

4

Pinsel   Post   Papa

P

zu Fibelseite 32/33
1. Begriffe abhören und ankreuzen, ob der P/p-Laut am Wortanfang oder später im Wort zu hören ist   **2.** Sätze erlesen und richtige Aussage ankreuzen
3. Endsilben erlesen; Abbildungen benennen und sprechschwingen; passende Endsilbe ergänzen und im Kasten ausstreichen; Silbenkönig in Endsilbe einkreisen;
optional: Silbenbögen setzen   **4.** Wörter abschreiben; optional: Silbenbögen setzen

29

W w

 1

7

 **2**

 ○ Wal**le**

 ○ Wol**le**

 ○ Wel**le**

 ○ Wilt

○ Wolt

○ Welt

W

---

3 🌷 ➝ A a e i o

③ **A**lle wollen etwas wissen.

zu Fibelseite 34/35
1. Begriffe sprechen; Begriffe einkreisen, in denen ein W/w-Laut zu hören ist (7x)
2. Wörter erlesen, zum Bild passendes Nomen ankreuzen und abschreiben
3. Satz erlesen und sprechschwingen; Silbenbögen setzen; Silbenkönige benennen und rot nachspuren

1

     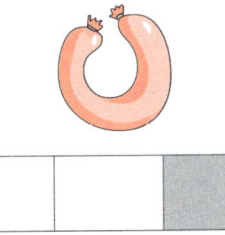

2

Was will Nino?

Nino plant etwas.
Nino will Wale
in Wellen malen.
Male Ninos Wellen.

3

 Welle
Wolle

 Tanne

4

  wann? wem? wo?

W ? ? ?

---

zu Fibelseite 34/35
1. Begriffe abhören und ankreuzen, ob der W/w-Laut am Wortanfang oder später im Wort zu hören ist **2.** Sätze erlesen und Abbildung nach Textvorgabe ergänzen
3. Abbildungen benennen, sprechschwingen; Wörter erlesen und nachspuren; farbigen Buchstaben im Minimalpaar austauschen; Wort aufschreiben, Silbenbögen
setzen **4.** Wörter abschreiben und Silbenbögen setzen

31

R r

1

2

○ Ritter raten am Tor.
○ Piraten warten am Tor.

○ Piratin Maria will Perlen.
○ Piratin Maria will Rosen.

3

 rennen rollen

r

zu Fibelseite 40/41
1. Begriffe sprechen; Begriffe einkreisen, in denen ein R/r-Laut zu hören ist (8x)
2. Sätze paarweise erlesen und zum Bild passenden Satz ankreuzen
3. Wörter abschreiben und Silbenbögen setzen

1

 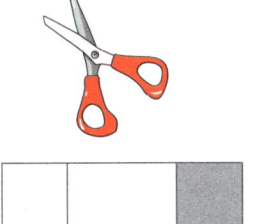  

2

Male Ritter Rolo
mit roten Rosen
im Arm.

Pirat Willi
will etwas essen.
Male Willis roten Teller.

3

ten   nen   sen

ler   ser   ter

  raten

  Rit

  ler

  Mes

zu Fibelseite 40/41
1. Begriffe abhören und ankreuzen, ob der R/r-Laut am Wortanfang oder später im Wort zu hören ist
2. Sätze erlesen und Abbildungen nach Textvorgabe ergänzen
3. Endsilben erlesen; Abbildungen benennen und sprechschwingen; passende Endsilbe ergänzen und im Kasten ausstreichen; optional: Silbenbögen nachspuren

33

Ei ei

1

 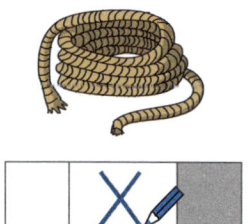 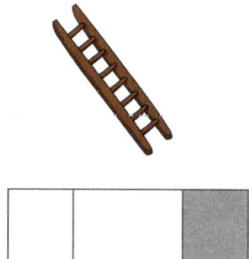 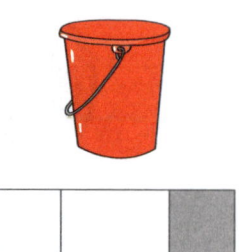

| X | | | X | | | | | | | | |

2

Einmal will Pirat Willi

ein Eis essen.

Sein Eis ist rosa.

Male Willis Eis rosa an.

3

ein   ein   ~~eine~~   eine   eine

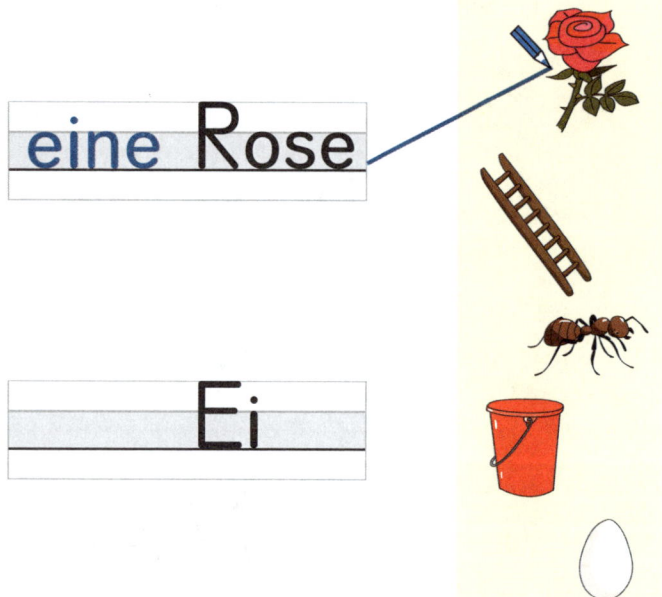

eine Rose

Ei

Leiter

Ameise

Eimer

zu Fibelseite 42/43
1. Begriffe abhören und ankreuzen, ob der Ei/ei-Laut am Wortanfang oder später im Wort zu hören ist
2. alle Ei/ei einkreisen; Sätze erlesen und Abbildungen nach Textvorgabe ergänzen
3. Nomen erlesen; passenden unbestimmten Artikel auswählen und dazuschreiben; Artikel im Kasten ausstreichen; Nomen mit richtiger Abbildung verbinden

1

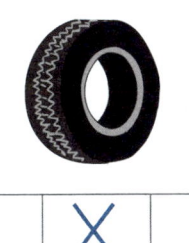   

	X	

		X

---

2 Male:

Ritter Rolo ist ein toller Reiter.
Er will mit einem Esel reiten.
Sein Esel wartet allein an
einem Seil.
Rolo nimmt eine rote Leiter.

3

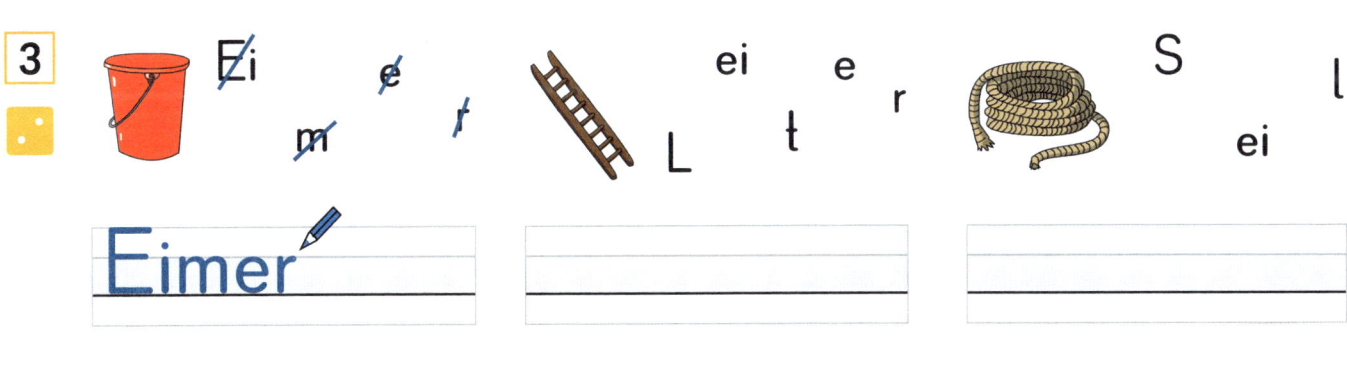

Ei m er   L ei t er   S ei l

Eimer

4

 eins leise

ei

zu Fibelseite 42/43
1. Einführung *Unterscheidung von An-, In- oder Auslaut*: Begriffe abhören und ankreuzen, ob der Ei/ei-Laut am Wortanfang, im Wortinneren oder als letzter Laut zu hören ist **2.** Sätze erlesen und Abbildungen nach Textvorgabe ergänzen **3.** Einführung *Würfelwörter*: Begriffe benennen; Einzelbuchstaben erlesen und in die richtige Reihenfolge bringen; Wörter aufschreiben; Wörter sprechschwingen **4.** Wörter abschreiben und Silbenbögen setzen

35

D d

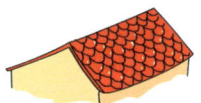

1

  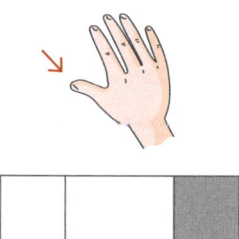 

| X 🖉 | | |

2 Male:

Was ist denn da los?
Ist Paola allein? Nein!
Paola redet mit
einem Dino.
Der Dino ist rosa.
Ist das normal?

3 Reime mit D

Name

Nino

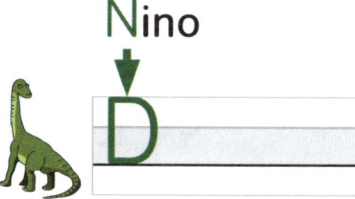 D

Rose

  D

4

 dein mein sein

 d

zu Fibelseite 44/45
1. Begriffe abhören und ankreuzen, ob der D/d-Laut am Wortanfang oder später im Wort zu hören ist
2. Sätze erlesen und Abbildungen nach Textvorgabe ergänzen
3. Wörter erlesen; Abbildung von Reimwort benennen und aufschreiben; Silbenbögen setzen **4.** Wörter abschreiben und Silbenbögen setzen

1

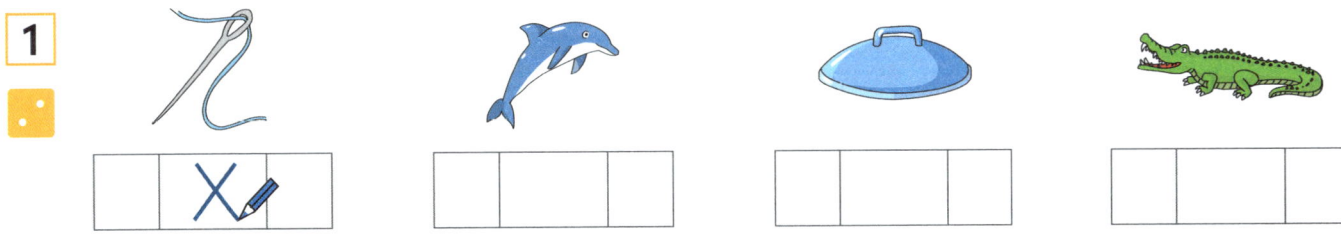

	X	

---

2 Dino Dodo

Do~~do~~ ist ~~drei~~ ein Mars-Dino.

Damian ist ein ~~Radio~~ Mond-Dino.

Mars-Dinos ~~reden~~ werden selten mit

den Mond-Dinos.

Leider – denn Dino Dodo Dose teilt immer

seine Datteln.

3

E d
r e

E _____

D o s e

_____

N d
a e
l

_____

F d
e
e r

_____

4

sind   wird   werden

S _____

_____

_____

zu Fibelseite 44/45
1. Begriffe abhören und ankreuzen, ob der D/d-Laut am Wortanfang, im Wortinneren oder als letzter Laut zu hören ist **2.** Einführung *Stolperwörter*: Sätze einzeln erlesen; nicht passendes Wort herausfinden und ausstreichen **3.** Begriffe benennen; Einzelbuchstaben erlesen und in die richtige Reihenfolge bringen; Wörter aufschreiben; Wörter sprechschwingen **4.** Wörter abschreiben und Silbenbögen setzen

37

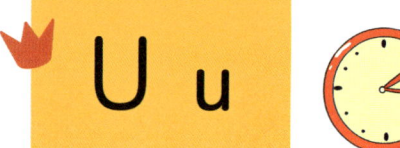 

1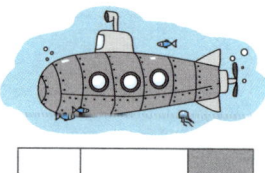

2

○ Nino rudert mit einer Lupe.

○ Nino rudert mit einer Nudel.

○ Nino rudert mit einem Ruder.

3

ein   ein   eine   eine

ein Pudel

Lupe

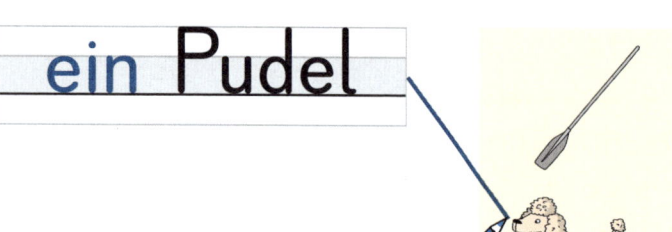

Nudel

Ruder

4 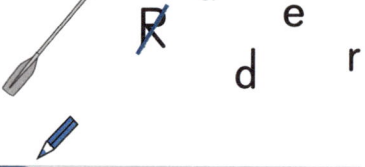 R u e / R d r    L p e / u    u e / N d l

R

zu Fibelseite 50/51
1. Begriffe abhören und ankreuzen, ob der lange U/u-Laut am Wortanfang oder später im Wort zu hören ist   2. Sätze erlesen und richtige Aussage ankreuzen
3. Nomen erlesen; passenden unbestimmten Artikel auswählen und aufschreiben; Artikel im Kasten ausstreichen; Nomen mit richtiger Abbildung verbinden
4. Begriffe benennen; Einzelbuchstaben erlesen und in die richtige Reihenfolge bringen; Wörter aufschreiben; Wörter sprechschwingen

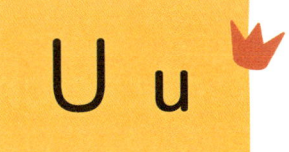

U u

1

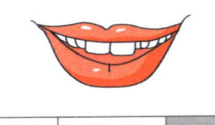   

	X	

2 Male:

So ein Unsinn:
Jojo will Nina umarmen.
Darum landet Nina
unter Jojo im Sand.
Ninas Pulli ist rot.

3  ⟶ O a e i o u

Opa: Roller sind dumm!

4 Reime.

Suppe

Turm

Puppe

zu Fibelseite 50/51
1. Begriffe abhören und ankreuzen, ob der kurze U/u-Laut am Wortanfang oder später im Wort zu hören ist
2. Sätze erlesen und Abbildung nach Textvorgabe ergänzen 3. Satz erlesen und sprechschwingen; Silbenbögen setzen; Silbenkönige benennen und rot nachspuren
4. Wörter erlesen; Abbildung von Reimwort benennen und aufschreiben; Silbenbögen setzen

39

Satzzeichen: Frage, Aussage, Ausruf

1
.

? ? ? ? ?   ?

| | | | | |

2
::

Andi reist ins All○
Wer ist dort?
Aaa, da sind Dinos!

Am Ende mit .

Andi reist

Am Ende mit ?

Am Ende mit !

3
::

Ooo, ein Mond-Dino
Redet Andi mit Dino Dodo
Andi redet leise mit Dodo

Sonderseite Satzzeichen: Frage, Aussage, Ausruf
1. Frage- und Ausrufezeichen in Schreiblinie schreiben
2. Sätze erlesen; Satzzeichen einkreisen; Sätze dem richtigen Satzschlusszeichen zuordnen und abschreiben
3. Sätze erlesen; Satzart erkennen; Satzschlusszeichen setzen

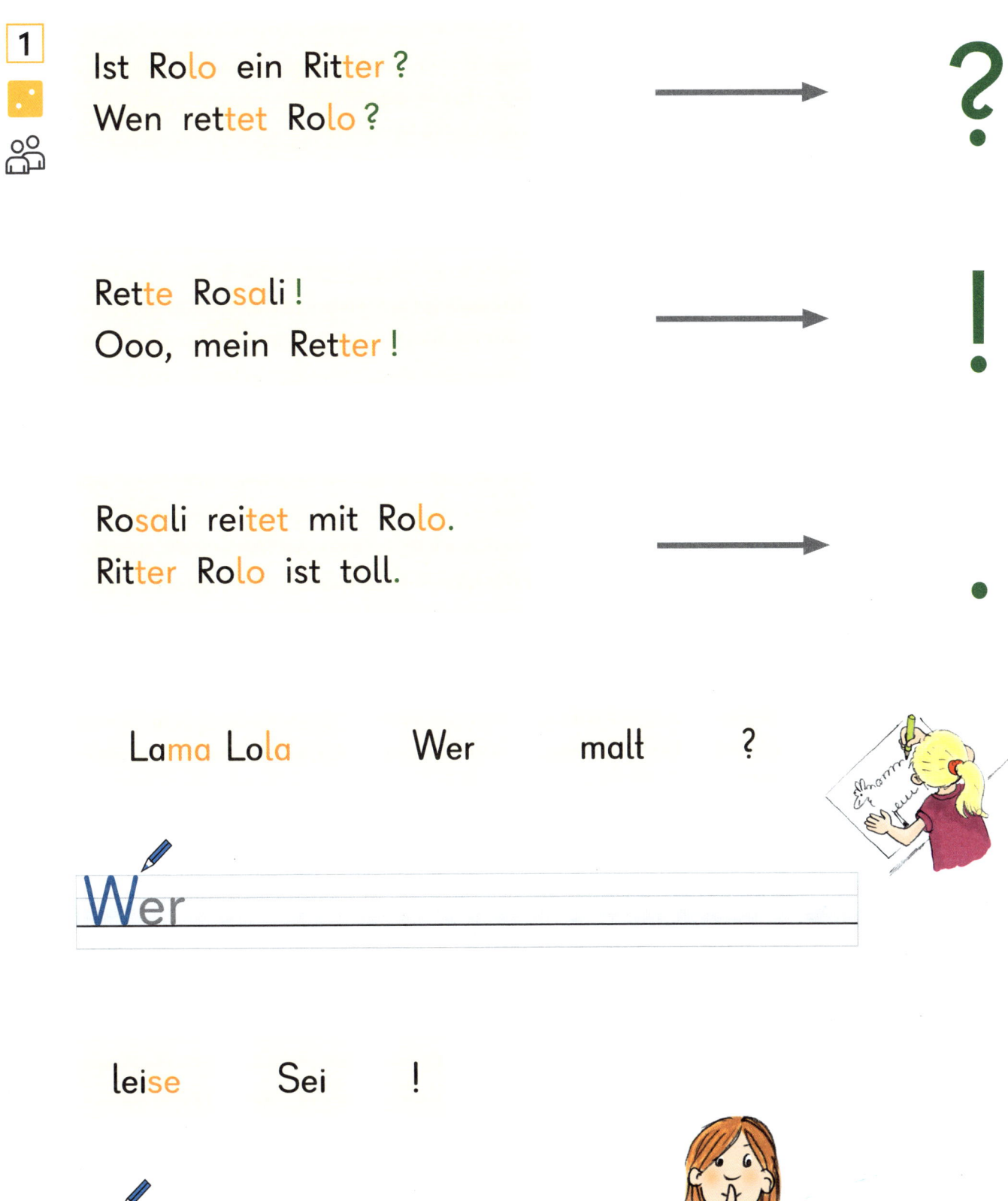

1

Ist Rolo ein Ritter?
Wen rettet Rolo?

⟶ ?

Rette Rosali!
Ooo, mein Retter!

⟶ !

Rosali reitet mit Rolo.
Ritter Rolo ist toll.

⟶ ·

Lama Lola   Wer   malt   ?

Wer

leise   Sei   !

S

Sonderseite Satzarten
1. Klassengespräch: Sätze erlesen und sich darüber austauschen; Satzschlusszeichen benennen;
aus vorgegebenen Satzteilen einen Fragesatz und einen Ausruf bilden; Sätze mit Satzschlusszeichen in Schreiblinien schreiben

41

F f

1

2 Male:

Nino ruft Nina an.

Er nimmt das Telefon.

Nino

Er

Polli findet am Ofen

eine feine rosa Feder.

Polli

zu Fibelseite 52/53
1. Begriffe abhören und ankreuzen, ob der F/f-Laut am Wortanfang oder später im Wort zu hören ist
2. Texte erlesen und Abbildungen nach Textaussagen ergänzen; Sätze abschreiben und Silbenbögen setzen

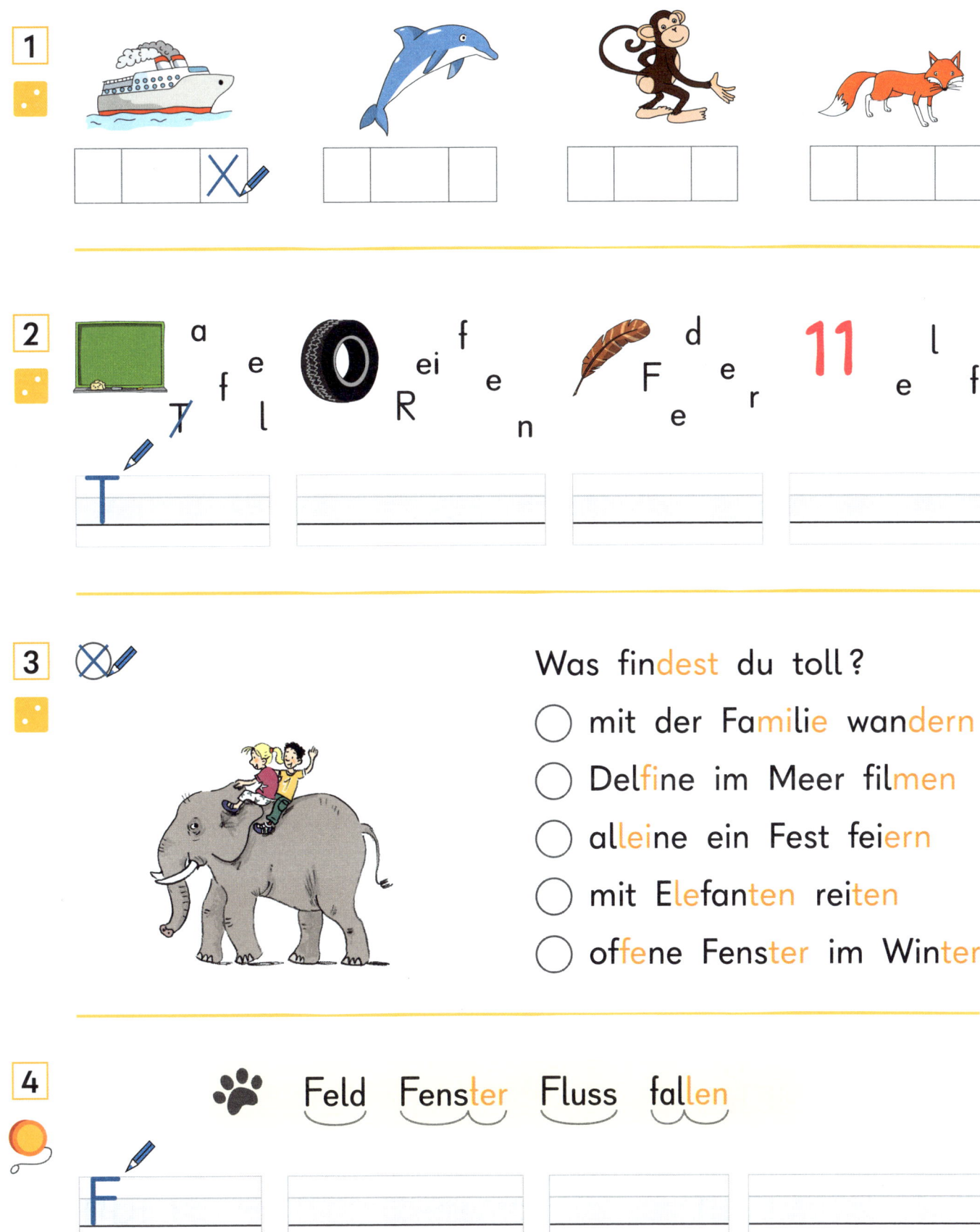

1

2

T

3

Was findest du toll?

- ◯ mit der Familie wandern
- ◯ Delfine im Meer filmen
- ◯ alleine ein Fest feiern
- ◯ mit Elefanten reiten
- ◯ offene Fenster im Winter

4

Feld Fenster Fluss fallen

F

zu Fibelseite 52/53
1. Begriffe abhören und ankreuzen, ob der F/f-Laut am Wortanfang, im Wortinneren oder als letzter Laut zu hören ist
2. Begriffe benennen; Einzelbuchstaben erlesen und in die richtige Reihenfolge bringen; Wörter aufschreiben; Wörter sprechschwingen
3. Wortgruppen erlesen und passende Aussagen ankreuzen 4. Wörter abschreiben und Silbenbögen setzen

43

H h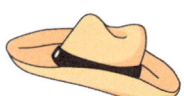

1

---

2 ⊠ Im Winter hat man oft Husten.
Was soll den Husten heilen?

- ○ warmer Tee
- ○ nasse Haare
- ○ nasse Hamster
- ○ hundert Hosen

- ○ ein helles Hemd
- ○ ein Fernseher
- ○ Hustensaft
- ○ Omas Anruf

3

ein ~~ein~~ ein ein ein eine eine

ein Hase   Hose

Hand   Heft

Hut   Hund

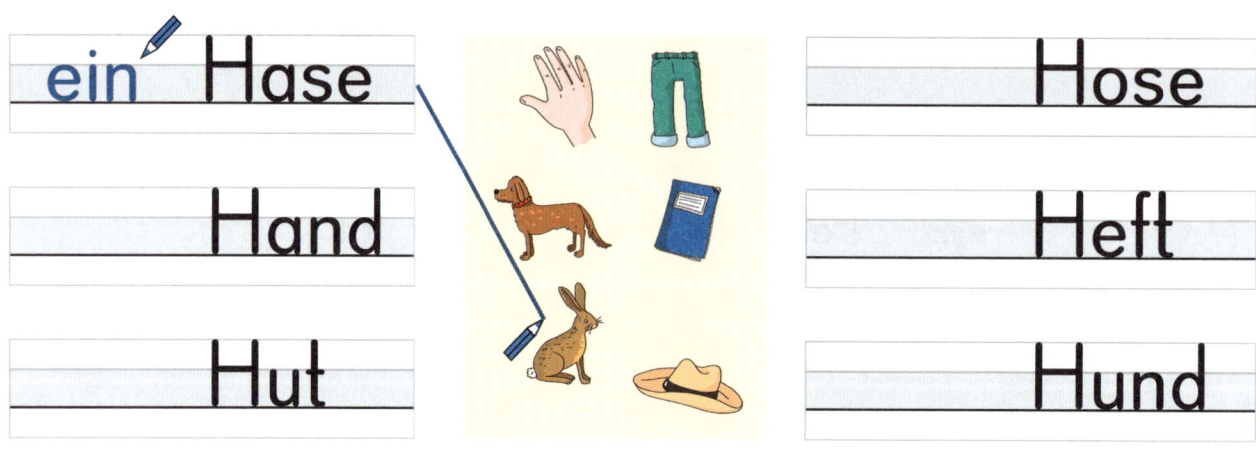

zu Fibelseite 54/55
1. Begriffe abhören und ankreuzen, ob der H/h-Laut am Wortanfang oder später im Wort zu hören ist
2. Wortgruppen erlesen und passende Aussagen ankreuzen
3. Nomen erlesen; passenden unbestimmten Artikel auswählen und aufschreiben; Artikel im Kasten ausstreichen; mit richtiger Abbildung verbinden

1

H e t
f

H e m
d

N s o r
a h n

H _____

_____

_____

2

Halm

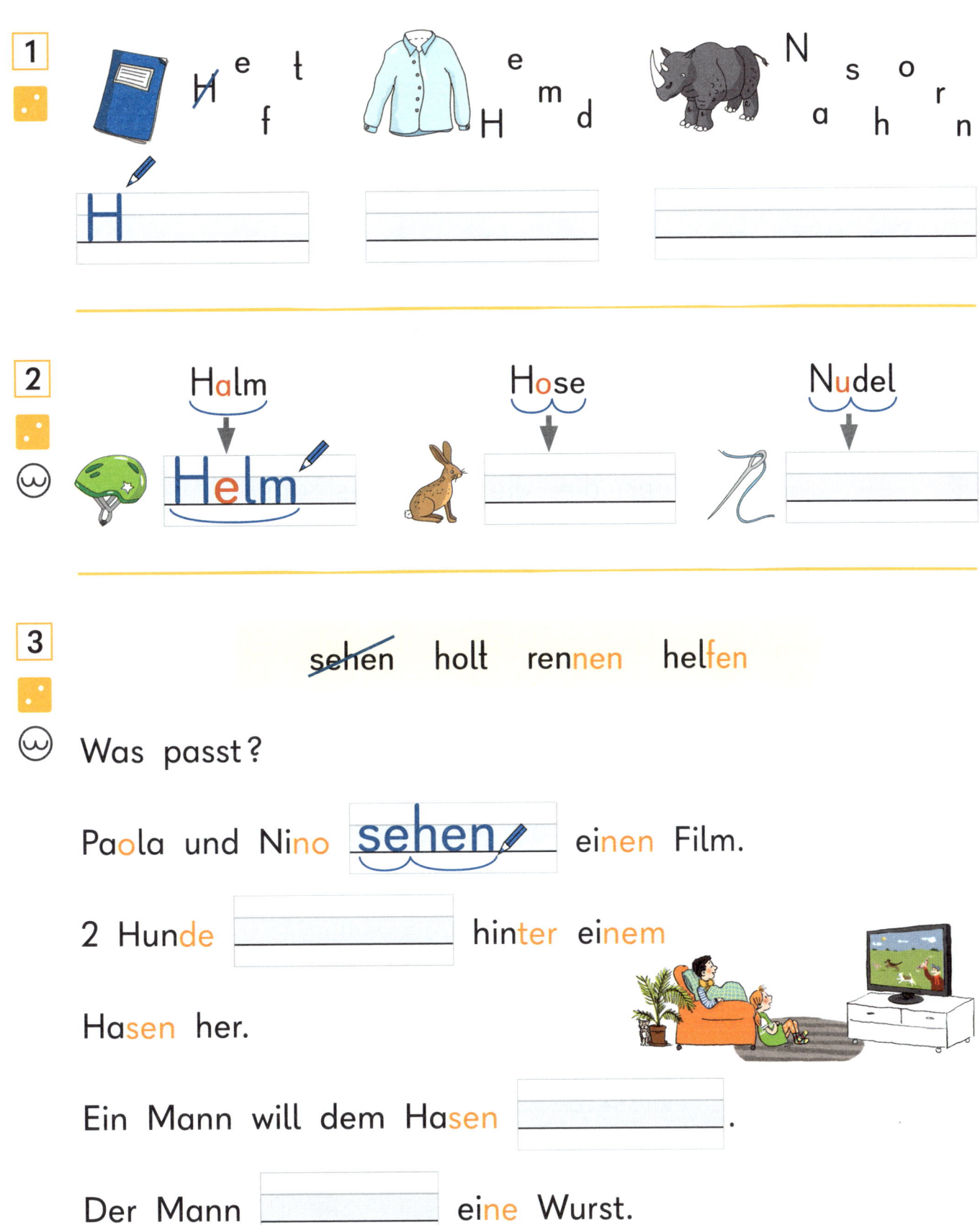

Helm

Hose

Nudel

3

~~sehen~~ holt rennen helfen

Was passt?

Paola und Nino **sehen** einen Film.

2 Hunde _____ hinter einem

Hasen her.

Ein Mann will dem Hasen _____ .

Der Mann _____ eine Wurst.

zu Fibelseite 54/55
1. Begriffe benennen; Einzelbuchstaben erlesen und in die richtige Reihenfolge bringen; Wörter aufschreiben; Wörter sprechschwingen
2. Wörter erlesen; Abbildung von Minimalpaar benennen und aufschreiben; Silbenbögen setzen
3. Einführung *Lückentext*: Sätze und Auswahlwörter erlesen; Lückentext mit passenden Verben ergänzen; Silbenbögen setzen; Verben in Kasten ausstreichen

45

 **ie**  Wiese ⊙—○

1 Lies und finde alle ie. (8-mal)

Was ist denn hier passiert?

Nina friert und hustet.

Sie muss immer wieder niesen.

Sie ruft: „Oma! Liest du mit mir?"

2

der die die ~~das~~ das das

das Tier

Wiese

Heft

Riese

Hose

Lied

---

3 Was passt darunter?

die   wie   Wiese   wieder

↓   ↓   ↓   ↓

sie   n   R   L

zu Fibelseite 56/57
1. Sätze erlesen; alle ie einkreisen
2. Nomen erlesen; passenden bestimmten Artikel auswählen und aufschreiben; Artikel im Kasten ausstreichen; Nomen mit richtiger Abbildung verbinden
3. Wörter erlesen; Reimwort finden und aufschreiben; Silbenbögen setzen

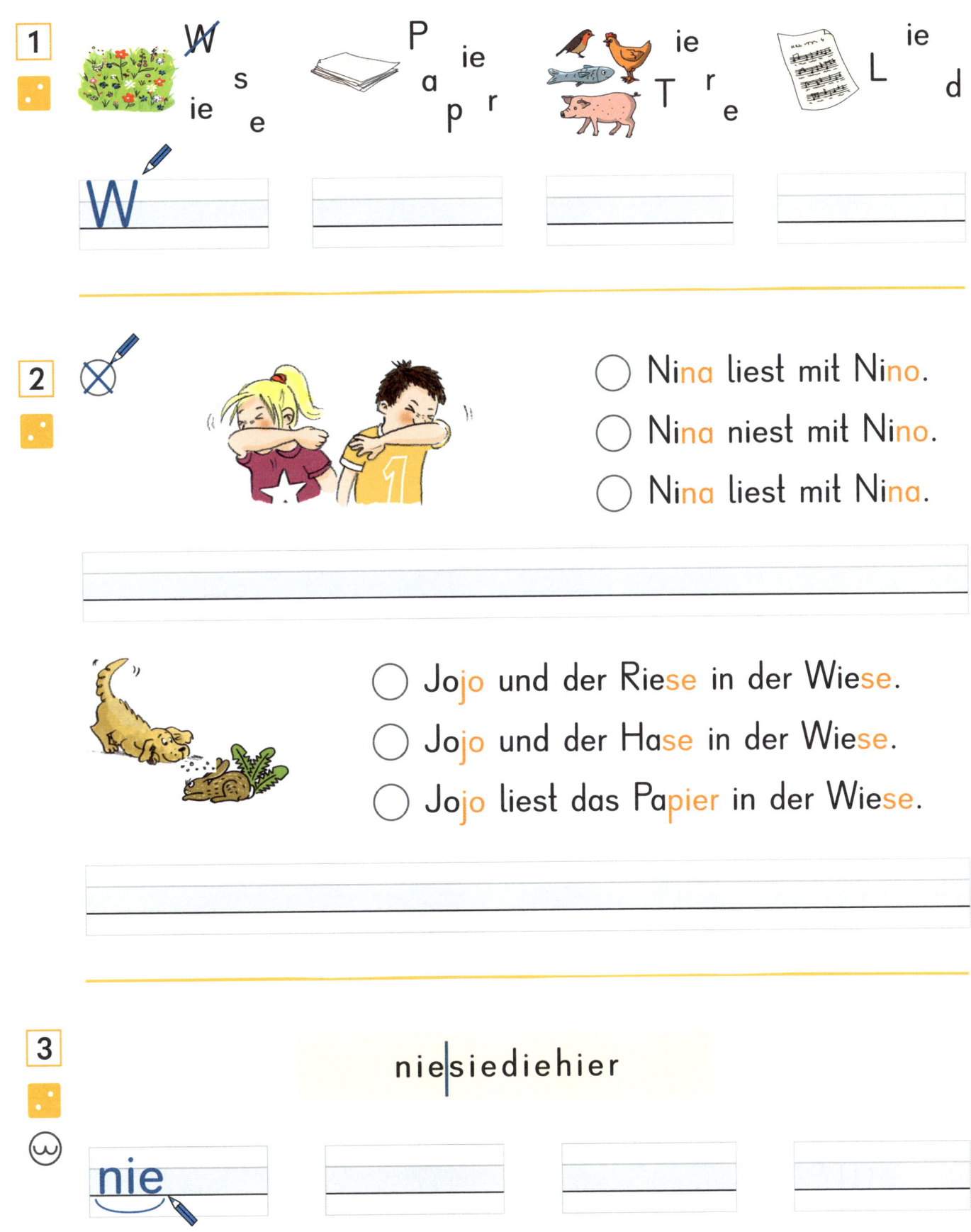

1

W
i e
s e

W ___

P
a ie
p r

___

ie
T r
e

___

L ie
d

___

2

○ Nina liest mit Nino.

○ Nina niest mit Nino.

○ Nina liest mit Nina.

___

○ Jojo und der Riese in der Wiese.

○ Jojo und der Hase in der Wiese.

○ Jojo liest das Papier in der Wiese.

___

3

nie|siediehier

nie ___

zu Fibelseite 56/57
1. Begriffe benennen; Einzelbuchstaben erlesen und in die richtige Reihenfolge bringen; Wörter aufschreiben; Wörter sprechschwingen
2. Sätze erlesen und zum Bild passenden Satz ankreuzen; Satz abschreiben
3. Einführung *Wortschlange*: Wortfolge erlesen; Wortgrenzen ermitteln und durch Strich kennzeichnen; Wörter einzeln aufschreiben; Silbenbögen setzen

47

Z z

1

 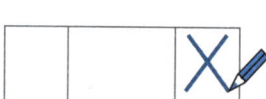 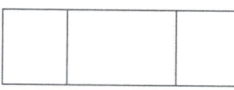 

2 Male zuerst eine Wiese
zu diesem Zelt.
Male dann zwei Pilze
und einen Zettel dazu.

3

zittern   tanzen   ziehen

zit	peln	tan	dern	zie	hen
	tern		zen		ten

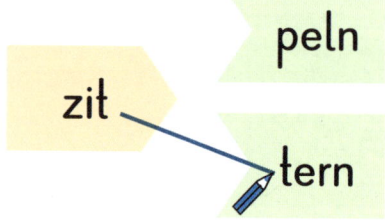  

zu Fibelseite 62/63
1. Begriffe abhören und ankreuzen, ob der Z/z-Laut am Wortanfang, im Wortinneren oder als letzter Laut zu hören ist
2. Sätze erlesen und Abbildung nach Textaussagen ergänzen 3. Abbildungen betrachten und Verb darunter erlesen; Einzelsilben erlesen und Anfangssilbe mit passender Endsilbe verbinden; Verb in Schreibzeile schreiben; Silbenbögen setzen

1 **⚁**

🍄 P i l z   ❤️ H e r z   ⛺ Z e l t   🧂 S a l z

P _____   _____   _____   _____

---

2 ⊗✎ **⚁**

○ Nina zeltet mit Jojo.

○ An Ninas Zehen ist ein Zettel.

○ Nina zerrt an Jojos Fell.

_____

---

3 **⚁** **③**

❤️ das Herz   🧂 d _____

⛺ das _____   🍄 d _____

4

🐾 Ziel Pizza   Z _____   _____

zu Fibelseite 62/63
1. Begriffe benennen; Einzelbuchstaben erlesen und in die richtige Reihenfolge bringen; Wörter aufschreiben; Wörter sprechschwingen
2. Sätze erlesen und zum Bild passenden Satz ankreuzen; Satz abschreiben   **3.** Abbildungen betrachten; Nomen mit richtigem Artikel aufschreiben und Silbenbögen setzen   **4.** Wörter abschreiben und Silbenbögen setzen

B b

1

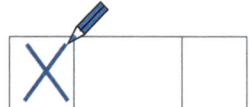   

X

---

2 Male alle b lila an.

6-mal b!

b p b d b d p b d p d b b

---

3 Male:

Bald ist es Abend.
Nina und ihr Bruder Leon
sind am Fenster.
Die Sonne ist rot.
Aber der Himmel wird oben lila.

---

4   🐾 Biene Birne Brief

B

zu Fibelseite 64/65
1. Begriffe abhören und ankreuzen, ob der B/b-Laut am Wortanfang, im Wortinneren oder als letzter Laut zu hören ist
2. kleines b optisch diskriminieren und nachspuren
3. Sätze erlesen und Abbildung nach Textaussagen ergänzen **4.** Wörter abschreiben und Silbenbögen setzen

1

R _____ _____ _____ _____

2 Was passt? ~~bleiben~~ toben braten haben

Nina will im Bett <u>bleiben</u> .

Mama will Leon ein Ei _____ .

Leon will aber lieber ein Brot _____ .

Jojo bellt, weil er mit Nina _____ will.

Mama will zur Arbeit ...

3 Bilde einen Dino-Namen mit 4 Silben.

B _____

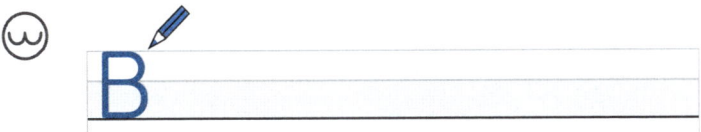

Ba	ra	sa	ras
Be	re	se	res
Bi	ri	si	ris
Bo	ro	so	ros

zu Fibelseite 64/65
1. Begriffe benennen; Einzelbuchstaben erlesen und in die richtige Reihenfolge bringen; Wörter aufschreiben; Wörter sprechschwingen
2. Sätze und Auswahlwörter erlesen; Lückentext mit passenden Verben ergänzen; Silbenbögen setzen; Verben in Kasten ausstreichen
3. Silben erlesen; einen Dino-Namen aus jeweils vier der vorgegebenen Silben bilden und in Schreiblinie schreiben; Silbenbögen setzen

51

Ch ch  Buch  Milch

1 Lies und finde alle Ch und ch. (6-mal)

Nino besucht Nina und Leon.

Alle lesen in einem Buch.

Nina liest:

„Wenn in China Nacht ist,

ist es bei uns noch hell."

Nino wundert sich: „Bist du sicher?"

2 der oder die oder das

ch wie in Buch

das Buch

Nacht

Dach

Woche

ch wie in Milch

Licht

Zeichen

Milch

Teppich

3

  Drache Fach durch

D

zu Fibelseite 66/67
1. Sätze erlesen; alle Ch/ch einkreisen
2. Nomen erlesen; bestimmten Artikel zuordnen und aufschreiben
3. Wörter abschreiben und Silbenbögen setzen

1

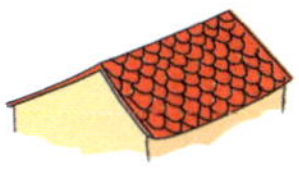

Ø ch   i l ch   L°ch   8 a t
  a   M   ch   ch

D ___   ___   ___   ___

---

2 Dreimal   und einmal ✏

⚀ Leon	⚀ liest	⚀ in einem tollen Buch.
⚁ Nino	⚁ lacht	⚁ mit der Familie.
⚂ Nina	⚂ rudert	⚂ in einem Teich.
⚃ Polli	⚃ tobt	⚃ unter einem Teppich.
⚄ Papa	⚄ arbeitet	⚄ manchmal in der Nacht.
⚅ Mama	⚅ turnt	⚅ mit einem weichen Pulli.

___

___

---

3   wir lachen   wir machen   wir suchen

⚀ er lacht   sie ___   es ___

zu Fibelseite 66/67
1. Begriffe benennen; Einzelbuchstaben erlesen und in die richtige Reihenfolge bringen; Wörter aufschreiben; Wörter sprechschwingen
2. Partnerarbeit: Einführung *Würfelsätze*: Satzteile einzeln erlesen; Satzteile würfeln und entstehende Sätze erlesen; einen Satz aufschreiben
3. Verben in der 1. Person Plural erlesen; gleiche Verben in die 3. Person Singular setzen und aufschreiben; Silbenbögen setzen

53

Artikel: der, die, das

1

der

die

das

2

Pulli

Lied

Insel

der

die

das

Zelt

Brief

Biene

Dach

Teppich

Hose

3

der ~~die~~ die das

die Hose

d

d

d

Sonderseite Artikel: der, die, das
1. Artikel nacheinander erlesen; Begriffe ohne und mit Artikel benennen; Begriff, zu dem der Artikel in der Zeile nicht passt, ausstreichen
2. Nomen und Artikel erlesen; jedes Wort mit dem richtigen bestimmten Artikel verbinden
3. Begriffe benennen; Begriffe mit bestimmtem Artikel in die Schreibzeilen schreiben; geschriebenen Artikel ausstreichen

1. Betrachte zuerst nur das Bild.

So sehen wir die Sonne am Himmel.
Zuerst ist sie
am Horizont
im Osten zu sehen.
Am Abend findet
man die Sonne
dann im Westen.

2. Lies dann in Ruhe.

3. Ist dir ein Wort fremd?
Male es an.

4.

Was ist denn der Horizont?

Der Horizont ist ...

5. Lies nun alles noch mal.

Sonderseite *Lesestrategie*
Partnerarbeit: Abbildung neben dem Text betrachten und darüber sprechen; Text erlesen; unbekannte Wörter im Text markieren; sich über unbekannte Wörter austauschen, sich gegenseitig erklären, nachschlagen, nachfragen; Text erneut erlesen

55

Au au

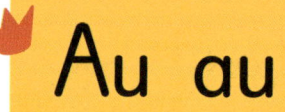 

1

2 Lies und finde alle au und Au. (9-mal)

Jojo baut am blauen Zaun

einen Sandhaufen.

Jojos Fell war mal sauber.

Nun ist es nicht hell,

sondern braun.

Auf dem Zaun ist eine Maus.

3  H s au    Au o t    au B m    F au r

4  Daumen Raupe

zu Fibelseite 72/73
1. Begriffe abhören und ankreuzen, ob der Au/au-Laut am Wortanfang, im Wortinneren oder als letzter Laut zu hören ist
2. Sätze erlesen; alle Au/au einkreisen; Abbildung nach Textaussage ergänzen **3.** Begriffe benennen; Einzelbuchstaben erlesen und in die richtige Reihenfolge bringen;
Wörter aufschreiben; Wörter sprechschwingen **4.** Wörter abschreiben und Silbenbögen setzen

1 brau | lau | tau | chen | fen | chen

⌣ brauchen ✏ _____ _____

2 Was passt auch zu dir? ✗✏

○ Wenn ich einen tollen Traum habe,
will ich nicht aufwachen.

○ Ich helfe anderen, wenn sie mich brauchen.

○ Manchmal bin ich zu laut auf
dem Pausenhof.

○ Mit dem Auto zu Nino zu sausen,
finde ich toll.

○ Ich liebe faule Ausreden.

3 Erfinde eine faule Ausrede.

Ich komme zu spät, weil _____

_____
_____

zu Fibelseite 72/73
1. Anfangssilben erlesen und jeweils passende Endsilben suchen; vollständige Verben in Schreiblinie schreiben; Silbenbögen ergänzen
2. Sätze erlesen und passende Aussagen ankreuzen
3. Satzanfang erlesen; Satz mit einer „faulen Ausrede" frei ergänzen

57

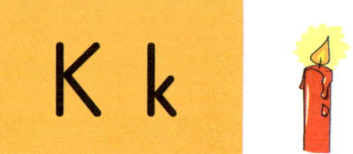

K k

1 Kreise alle K und k ein. (6-mal)

• Male dann das Bild aus.

Die Kinder sind bei Nino.

Die Musik ist laut.

Alle lachen und kichern.

Paola klettert in den Koffer.

Sie wirft ein blaues Kissen

nach Nino.

2

•

K n e
K i d r

K e r z e

K r e
i ch

K _____

_____

_____

3 Suche immer ein Reimwort mit K oder k:

•

③

die Liste   das Lamm   die Tanne

die Kiste   der _____   die _____

zu Fibelseite 74/75
1. Sätze erlesen; alle K/k einkreisen; Abbildung nach Textaussagen ergänzen
2. Begriffe benennen; Einzelbuchstaben erlesen und in die richtige Reihenfolge bringen; Wörter aufschreiben; Wörter sprechschwingen
3. Wörter erlesen; Reimwort finden und aufschreiben; Silbenbögen setzen

1

kau	kom	ko	men	fen	chen

Simon und Ina __kom_____ zu Besuch.

Nina und Nino wollen _____.

Deshalb _____ sie ein.

---

2 Aus eins mach zwei.

ein Kreis ➝ **zwei** Kreise

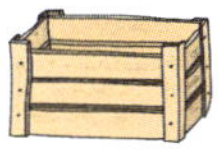

eine Kiste ➝ **zwei** _____

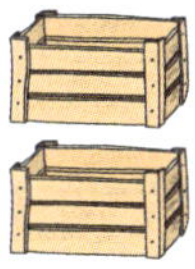

ein Kind ➝ **zwei** _____

3

Namen, Dinge und Lebewesen
werden am Anfang immer großgeschrieben.
Diese Wörter nennen wir Nomen.

Kreise alle Nomen ein.

kurz (Kleid) Wolke klein Paket Knie kommen Karl

zu Fibelseite 74/75
1. Anfangssilben erlesen und jeweils passende Endsilben suchen; Lückensätze erlesen und jeweils passendes Verb in Schreiblinie schreiben
2. Einführung *Pluralbildung mit Umlautung*: Begriffe mit Artikel im Singular lesen; Plural bilden und Nomen aufschreiben; Silbenbögen setzen
3. Aussage in Sprechblase erlesen und erörtern; Wörter im Kasten erlesen und alle Nomen einkreisen

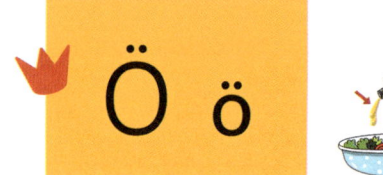

Ö ö

1

L ö w e   K ö r b e   **12** z w ö l f

2 Aus eins mach zwei.

Aus o wird ö: ein Koch ⟶ zwei Köche

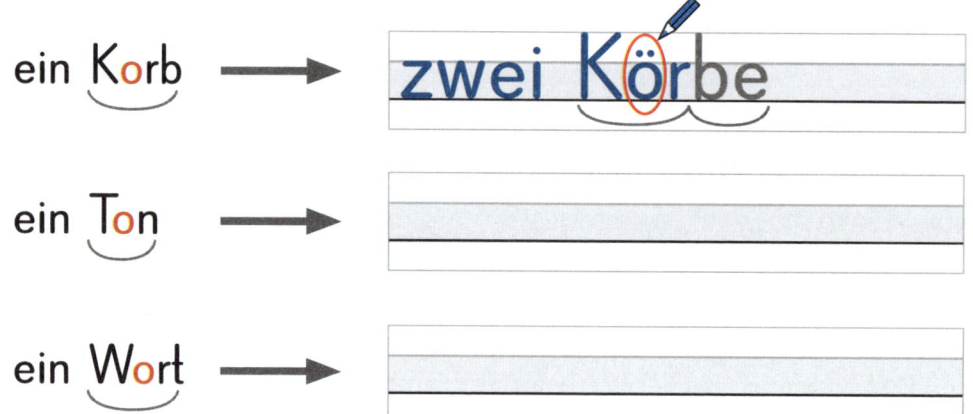

ein Korb ⟶ zwei Körbe

ein Ton ⟶

ein Wort ⟶

3 Schreibe zwei weitere Nomen mit Ö/ö auf.

4

können   Öl   k

zu Fibelseite 76/77
1. Begriffe benennen; Einzelbuchstaben erlesen und in die richtige Reihenfolge bringen; Wörter aufschreiben; Wörter sprechschwingen
2. Begriffe mit Artikel im Singular lesen; Plural bilden und Nomen mit Zahlwort aufschreiben; Silbenbögen setzen
3. zwei weitere Nomen mit ö aufschreiben; Silbenbögen setzen   **4.** Wörter abschreiben und Silbenbögen setzen

1

W ü r f e l

Blüte

Bürste

W

_____ _____ _____

---

2 Aus eins mach zwei.

Aus u wird ü: eine Wurst → zwei Würste

ein Kuss → zwei Küsse

ein Bruder → _____

eine Nuss → _____

---

3 Alle Kinder ~~werfen~~ müssen rechnen üben.

Einen Mund kann man essen küssen.

In der Küche kann man Gemüse Löffel kochen.

---

4 üben dürfen ü _____

---

zu Fibelseite 78/79
1. Begriffe benennen; Einzelbuchstaben erlesen und in die richtige Reihenfolge bringen; Wörter aufschreiben; Wörter sprechschwingen
2. Begriffe mit Artikel im Singular lesen; Plural bilden und Nomen mit Zahlwort aufschreiben; Silbenbögen setzen
3. Sätze einzeln erlesen; nicht passendes Wort herausfinden und ausstreichen **4.** Wörter abschreiben und Silbenbögen setzen

61

Sch sch

1 Kreise alle (Sch) und (sch) ein.

Nino bastelt bunte Schiffe.
Auf dem Tisch ist auch
eine kleine Schere.

Nina schreibt einen Brief
für eine Flaschenpost.
Male die Flasche dazu.

2 Löse die Geheimschrift ...
Tausche die roten .

   die Fle – scha

   die Flasche

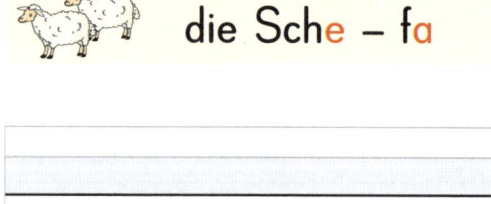   die Sche – fa

   die Sche – lu

die Ker – schin

zu Fibelseite 84/85
1. Sätze erlesen; alle Sch/sch einkreisen; Abbildungen nach Textaussagen ergänzen
2. abgebildete Begriffe benennen, falsche Silben erlesen; Begriffe nochmals benennen, mit Artikeln und getauschten Vokalen aufschreiben; Silbenbögen setzen

1 Schreibe immer das passende Wort in die Zeile:

Einen Film im Kino kannst du

anschauen .

an — schreien ○
an — schauen ⊗

Mit dem Füller kannst du etwas

.

auf — schneiden ○
auf — schreiben ○

Nach dem Schwimmen sollst du dich

.

ab — duschen ○
ab — schütteln ○

2 Tausche die roten Vokale.

die – Wisch – me – scha – na

Die brauchen wir zum Waschen.

die W

Die nasche ich am liebsten.

die Scha – ke – lo – do

.

zu Fibelseite 84/85
1. Satzanfänge und Ergänzungen erlesen; passende Ergänzung ankreuzen und in Schreibzeile schreiben; Silbenbögen setzen
2. falsche Silben erlesen; Sprechblasen erlesen und richtige Begriffe benennen, mit Artikeln und getauschten Vokalen aufschreiben; Silbenbögen setzen

63

G g

1

Simon und Andi tragen gelbe Schuhe. Andi gibt Simon einen grünen Ball. Genau in diesem Moment sehen sie im Gras einen Igel.

2

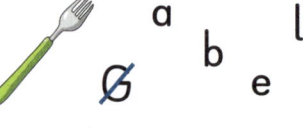 G a b e l

 R e g e n

 G e m ü s e

G

3 Überlege, welche Wörter zu den Bildern passen:

lie ge ge zei ben gen hen gen

 liegen

zu Fibelseite 86/87
1. Sätze erlesen; alle G/g einkreisen; Abbildung nach Textaussagen ergänzen
2. Begriffe benennen; Einzelbuchstaben erlesen und in die richtige Reihenfolge bringen; Wörter aufschreiben; Wörter sprechschwingen
3. Abbildungen betrachten; passende Verben aus den Einzelsilben zusammenbauen und aufschreiben; Silbenbögen setzen

1 Schreibe immer das passende Wort in die Zeile:

Geld kannst du

<u>aus</u> .

aus

fegen ◯

geben ◯

Ein Gedicht kannst du

_____ .

auf

saugen ◯

sagen ◯

---

2 Welche Aussagen sind richtig? 2-mal ✗

Lies auf Seite 86 in der Fibel nach.

◯ Andi zeigt Simon seinen grauen Ball.

◯ Gestern hat Toni seinen Ball gesucht.

◯ Simon und Andi warten ganz oben auf einem Berg.

◯ Andi hat nicht gelogen. Er hat alles richtig gemacht.

◯ Toni fragt eine Fliege nach dem Weg.

---

3 Denke dir eine witzige Geschichte zu dem Bild aus.

Schreibe sie in dein Heft. Diese Wörter helfen dir:

gelbe Augen – Burg – Geist – gruselig

zu Fibelseite 86/87
1. Satzanfänge und Ergänzungen erlesen; passende Ergänzung ankreuzen und in Schreibzeile schreiben; Silbenbögen setzen
2. Sätze erlesen und die zwei richtigen Aussagen ankreuzen – bei Bedarf auf Fibelseite 86 nachlesen
3. freies Schreiben zu den Bildern mit Wörtern zur Unterstützung

65

Nomen

Namen, Sachen und Lebewesen
nennen wir Nomen.
Nomen schreiben wir immer groß.

1 Schreibe drei weitere
Nomen in die Tabelle.

Namen	Sachen	Lebewesen
Nina	Hose	Fliege
Jojo	Fibel	Bruder
Karl	Kino	Kind

2 Finde in den Zeilen immer drei Nomen.

(Ball) zeigen Toni alles gruselig machen Gras

ein schreiben Bruder die Löffel und Bürste

3

die ➞ eine

die Wiese

eine Wiese

die Gabel

der, das ➞ ein

der Tisch

ein T

das Schaf

Sonderseite Nomen
1. Kopf der Tabelle lesen; Eintragungen in die Tabelle lesen; Sprechblase lesen oder vorlesen lassen; in jeder Spalte ein Wort ergänzen
2. in jeder Zeile alle Nomen einkreisen   3. bestimmten und dazugehörigen unbestimmten Artikel erlesen; Nomen erlesen und den bestimmten Artikel in den richtigen
unbestimmten Artikel umwandeln; Artikel und Nomen in Schreibzeile schreiben

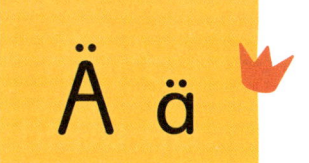

Ä ä

1

 der Ast
die **Äste**

das Glas
die _____

der Ball
die _____

die Hand
die _____

---

2 Immer ein Kind würfelt dreimal .

⚀ Paola	⚀ ärgert	⚀ einen Bären mit Ästen.
⚁ Nina	⚁ trägt	⚁ ein Kleid mit lila Ärmeln.
⚂ Nino	⚂ wäscht	⚂ die Hände mit Seife.
⚃ Lara	⚃ malt	⚃ ein Bild mit drei Bällen.
⚄ Mama	⚄ sägt	⚄ Holz mit einer Säge.
⚅ Polli	⚅ frisst	⚅ Käse mit roten Käfern.

---

3 Überlegt, wie ihr Fragesätze würfeln könnt.

Ärgert Lara ein Bild mit drei Bällen ?

Worauf müsst ihr beim Abschreiben achten?

zu Fibelseite 88/89
1. Pluralform mit Umlaut zu den Bildern finden; Pluralform aufschreiben; Umlaute rot einkreisen; Silbenbögen nachspuren
2. Partnerarbeit: Satzteile einzeln erlesen; Satzteile würfeln und entstehende Sätze erlesen
3. Partnergespräch zur Aufgabenstellung: zuerst die Verben (gelb) würfeln (Großschreibung am Satzanfang / Fragezeichen am Satzende)

 67

1 Nina fehlt ihr rechter Schuh.

Sie sucht ihn im Gras.

Auf einmal sieht sie ihn

zwischen dem Löwenzahn und

dem Igel liegen.

2 der oder die oder das

Fehler	Huhn
Zahl	Ohr
Sohn	Uhr

(M) das Ohr   die

der   die

der

das

3 🐾 ihm ihn ihnen ihr ihre

(M) ih

zu Fibelseite 94/95
1. Sätze erlesen; alle eh, uh, ih, ah einkreisen; Abbildung nach Textaussagen ergänzen
2. Wörter auf Schild erlesen; bestimmten Artikel zuordnen und aufschreiben; Artikel nachspuren
3. Wörter abschreiben und Silbenbögen setzen

1

| zäh | ~~fah~~ | gäh | | ~~ren~~ | len | nen |

Die Kinder ___fahren___ mit Ina zur alten Mühle.

Toni und Nino _____ die Hühner.

Es sind zehn Hühner. Es ist noch früh. Der Hahn kräht.

Alle sind fröhlich. Nur Jojo muss _____ .

2 Bilde aus einer Aussage eine Frage.

Aussage: Nino sieht eine Kuh .

Frage: Sieht Nino eine Kuh ?

Schreibe die Fragen zu den Aussagen auf.

Aussage: Nina zählt Blumen .

Frage: ___Zählt___ _____

Aussage: Hühner wohnen im Stall .

Frage: _____

zu Fibelseite 94/95
1. Anfangssilben erlesen und jeweils passende Endsilben suchen; Lückensätze erlesen und jeweils passendes Verb in Schreiblinie schreiben
2. Partnerarbeit: Umwandlung einer Aussage in eine Frage erarbeiten; Großschreibung am Satzanfang und Satzschlusszeichen thematisieren;
weitere Beispiele selbstständig umwandeln

69

Verlängern

Manchmal liest du ...
... g, aber du hörst k: Bur**g**
... b, aber du hörst p: Kor**b**
... d, aber du hörst t: Mon**d**

1 Kreise alle g ein,
die sich wie k anhören.

Nina findet Samstag und Sonntag toll.
Nino kennt den Weg auf den Berg.

---

2 Bilde zu den Wörtern die Mehrzahl.

 der Korb → alle Körbe

 das Kleid → alle Klei

 der Zwerg → alle Zwer

---

3 Bilde zu den Wörtern die Einzahl.

alle Hunde →  der

alle Burgen →  die

alle Wälder →  der

Sonderseite Verlängern
1. Sprechblase erlesen; Sätze erlesen; alle g einkreisen, die wie k klingen
2. Beispiel mit Mehrzahlbildung erlesen; Abbildungen betrachten und benennen; Wörter in Einzahl und Mehrzahl sprechen; Endlaut in Einzahl abhören;
Nomen in Einzahl und Mehrzahl aufschreiben **3.** Abbildungen betrachten und benennen; Wörter in Einzahl und Mehrzahl sprechen; Wörter aufschreiben

J j

1 Ein Jo-Jo ist etwas, was ...

○ Ninos Bruder Jonas lesen will.

○ jeder beim Judo braucht.

○ Paola an einer Schnur rollen lässt.

---

2 Schreibe zu jeder Aussage eine Frage auf.

Aussage: Jedes Jahr   hat   12 Monate .

Frage: Hat   jedes Jahr   12 Monate ?

Aussage: Der Wolf jault im Wald.

Frage: Jault

Aussage: Jonas mag jeden Joghurt.

Frage:

---

3 Das Jahr hat 12 Monate:

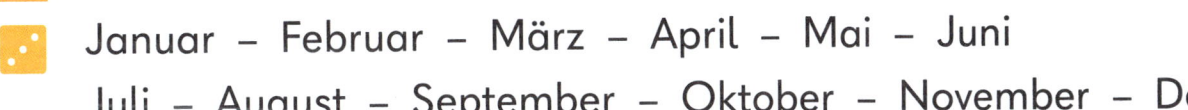

Welcher ist dein Lieblingsmonat? Begründe.

Januar – Februar – März – April – Mai – Juni

Juli – August – September – Oktober – November – Dezember

zu Fibelseite 96/97
1. Einleitungssatz und Auswahlergänzungen erlesen; richtige Ergänzung ankreuzen
2. Umwandlung einer Aussage in eine Frage erarbeiten; Großschreibung am Satzanfang und Satzschlusszeichen thematisieren; weitere Beispiele selbstständig umwandeln 3. freies Schreiben nach Aufgabenstellung

71

Sp sp

1 Lies und kreise alle (Sp) und (sp) ein. (6-mal)

· Male dazu.

Es ist spät am Abend. Zwei Gespenster spuken

auf der Bühne. Die kleine graue Maus spaziert mutig auf

die Gespenster zu. Sie schauen die Maus gespannt an.

2 Schreibe alle Wörter mit Sp oder sp einmal auf.

spät,

zu Fibelseite 102
1. Sätze erlesen; alle Sp/sp einkreisen; Abbildung nach Textaussagen ergänzen
2. alle Wörter mit Sp oder sp einmal aufschreiben

1 Sprich die Wörter. Male Silbenbögen unter alle Wörter.

Wo hört sich das Sp oder sp wie in Spinne an?

der Sport   der Spiegel   die Wespe   die Knospe

spielen   auspusten   sprechen   auspressen

> Zu Beginn einer Silbe spricht man Sp und sp immer wie in Spinne.

---

2 Welches Wort passt nicht?

Nina und Nino spielen sparen Theater.

Nina spielt eine spanische später Prinzessin.

Auf Ninos Spaten Kostüm ist eine Spinne.

Nina und Nino betrachten sich im jeder Spiegel.

---

3 Schreibe den Text von Seite 72, Aufgabe 1 in deinem Heft weiter. Diese Sätze können dir helfen:

Die Maus lacht.   Ein Gespenst ist sauer und sagt: ...

Die Gespenster biegen sich vor Lachen und rufen: ...

zu Fibelseite 102
1. Wörter erlesen, Silbenbögen unter alle Wörter setzen; Sp/sp einkreisen, wenn es wie in Spinne klingt
2. Sätze einzeln erlesen; nicht passendes Wort herausfinden und ausstreichen
3. freies Schreiben zum Text von S. 72 Nr. 1 mit Sätzen zur Unterstützung

73

St st ⭐

1 Lies und kreise alle (St) und (st) ein. (7-mal)
· Male dazu.

Die Nacht war still.

Der Löwe staunte: Am Himmel strahlten drei bunte Sterne.

Da hörte er eine Stimme. Er stellte sich auf, um besser

zu sehen. Wer war zu so später Stunde unterwegs?

---

2 Schreibe alle Wörter mit St oder st einmal auf.
·

st

zu Fibelseite 103
1. Sätze erlesen; alle St/st einkreisen; Abbildung nach Textaussagen ergänzen
2. alle Wörter mit St oder st einmal aufschreiben

1 Sprich die Wörter. Male Silbenbögen unter alle Wörter.
Wo hört sich das St oder st wie in Stern an?

die Stunde   das Nest   die Taste   der Stuhl

basteln   stehen   austeilen   aufstellen

Zu Beginn einer Silbe spricht man St und st immer wie in Stern.

2 Welches Wort muss neben welchem Bild stehen?

ste   stei   strei   stür   cheln   gen   hen   zen

ste

3 Trenne die Wörter mit einem Strich voneinander.
Schreibe sie dann einzeln in dein Heft ab.

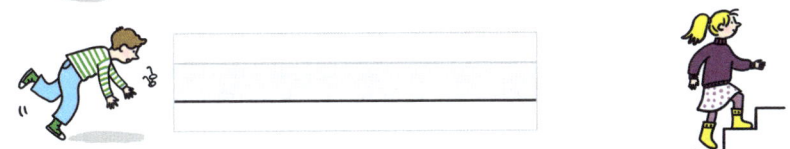

StempelJuliSteinSchneeStufeGast

zu Fibelseite 103
1. Wörter erlesen, Silbenbögen unter alle Wörter setzen; St/st einkreisen, wenn es wie in Stern klingt
2. Abbildungen betrachten; passende Verben aus dén Einzelsilben zusammenbauen und aufschreiben; Silbenbögen setzen
3. Wortfolge mehrfach erlesen; Wortgrenzen ermitteln und durch einen senkrechten Strich kennzeichnen

75

ck  Sack

1 Finde Reimwörter mit ck.

Rock   Stück   Schnecke

St _____   Gl _____   D _____

2 Was stimmt?

Zu einem guten Picknick gehört ...

◯ eine dicke Schnecke.

◯ eine dreckige Decke.

◯ ein leckeres Essen.

3 Welches Wort gehört in welche Zeile?

backt   schmeckt   Klecks   leckt

Leon **backt** _____ mit Nina Kekse für ein Picknick.

Er gibt ihr einen Löffel mit einem _____ Teig.

Nina _____ den Teig ab.

Sie ruft: „Mmmh! Das _____ aber gut!"

zu Fibelseite 104/105
1. Wörter erlesen; Reimwort finden und aufschreiben; Silbenbögen setzen
2. Einleitungssatz und Auswahlergänzungen erlesen; richtige Ergänzung ankreuzen
3. Auswahlwörter erlesen; Lückensätze erlesen und jeweils passendes Wort in Schreiblinie schreiben

1 Finde Reimwörter mit ck.

schmecken

packen

kleckern

l

b

m

---

2 Welches Wort passt zum Bild? ⊠✏

drücken ○

gucken ○

aus   decken ○

ab   lecken ○

packen ○

wecken ○

---

3 In jeder Zeile passt ein Wort nicht.
Kreise es ein und schreibe es in die Zeile.

Mücke (Rücken) Schnecke Kuckuck

Rock Socke Zucker Jacke

lecken schmecken schlecken kicken

Rücken

zu Fibelseite 104/105
1. Wörter erlesen; Reimwort finden und aufschreiben; Silbenbögen setzen
2. Abbildungen betrachten; passendes Verb ankreuzen
3. am ersten Beispiel herausarbeiten, warum der Begriff „Rücken" nicht in die Reihe passt: Rücken ist kein Tier; die folgenden Zeilen bearbeiten

77

Pf pf

1 Jojo hüpft wie wild herum.

Dabei zerbricht ein brauner Topf.

Jojos Pfoten sind dreckig.

Er sucht seinen Futternapf.

Oh, da ist der Napf ja!

---

2 Reime mit Pf oder pf.

der Kopf

der T _____

die Kanne

die Pf _____

stopfen

kl _____

schlüpfen

h _____

legen

pfl _____

tanzen

pfl _____

---

3 Die Kinder wollen Wildblumen aussäen.

Was brauchen sie dafür?

Kreise nur diese Wörter ein.

Pferde   Knöpfe   Töpfe   Äpfel   Samen   Zucker   Blumenerde

---

zu Fibelseite 110/111
1. Sätze erlesen; alle Pf/pf einkreisen; Abbildung nach Textaussagen ergänzen
2. Wörter erlesen; Reimwort finden und aufschreiben
3. Aufgabenstellung erlesen; Begriffe einkreisen, die zur Aussaat passen („Töpfe", „Samen", „Blumenerde")

Katze

tz

1

Nina ist auf dem Balkon.
Sie sieht einen Spatz schutzlos
in der Sonne. Nina holt einen
bunten Schirm als Sonnen-Schutz.
Sie flüstert: „Hallo Spatz,
setz dich in den Schatten."

2 Reime mit tz.

die Glatze

die T _____

die Mütze

die Pf _____

 die Tatze

die K _____

der Schatz

der S _____

schwitzen

s _____

nutzen

p _____

3 Markiere alle tz.
Schreibe dann alle Wörter mit dem
passenden Artikel **der**, **die** oder **das** ins Heft.

3-mal der
2-mal die
1-mal das

Satz   Blitz   Hitze   Spitze   Witz   Netz

zu Fibelseite 112/113
1. Sätze erlesen; alle tz einkreisen; Abbildung nach Textaussagen ergänzen
2. Wörter erlesen; Reimwort finden und aufschreiben
3. Wörter erlesen und alle tz einkreisen; tz-Wörter mit bestimmtem Artikel ins Heft schreiben

79

chs

 Fuchs

1 Markiere alle (chs). Schreibe die Tiernamen mit chs ab.

der Luchs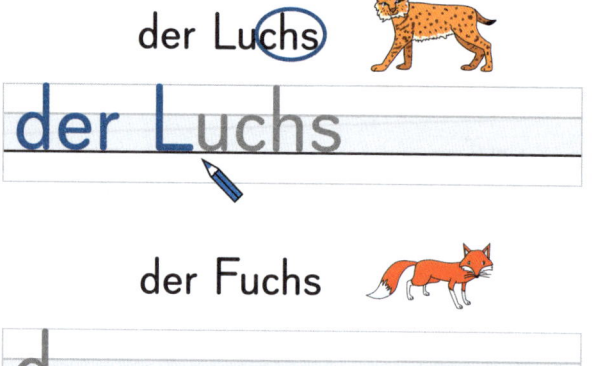

der **Luchs**

der Dachs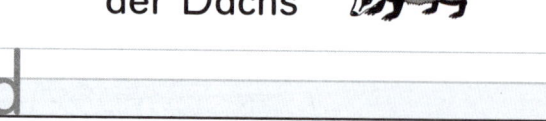

d

der Fuchs

d

der Lachs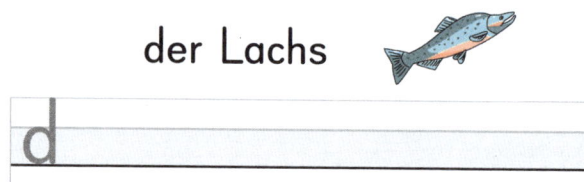

d

2 In der Fibel auf Seite 114 findet ihr die Namen für diese Blumen. Schreibt den Namen in die Zeile daneben.

 Ochsen    knopf

Ochsen

 Wiesen   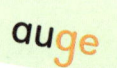 auge

 Käse    pappel

3 Sammelt Informationen zu den Tieren in Aufgabe 1. Gestaltet in Gruppen ein Plakat zu jeweils einem Tier.

Mein Jojo-Plakat

zu Fibelseite 114/115
1. Abbildung betrachten und Tiernamen erlesen; alle chs in den Tiernamen einkreisen; Namen der Tiere mit bestimmten Artikeln in Schreibzeile abschreiben
2. Partnerarbeit: Namen der Blumen auf Fibelseite 114 nachlesen; ersten und zweiten Teil des Namens zusammenfügen; Namen neben das richtige Foto schreiben
3. Gruppenarbeit: Informationen zu einem Tier aus Aufgabe 1 sammeln und gemeinsam ein Plakat gestalten

Man schreibt ein Wort mit ä, wenn es ein ähnliches Wort mit a gibt. Mäntel → Mantel.

1 Oft wird aus a ein ä.

der Mantel → die M̷ntel

das Blatt → die Bl tter

die Hand → die H nde

2 Finde die passenden Paare und schreibe sie auf.

Schale   Zahl   K̶a̶m̶m̶

| kämmen | zählen | schälen |
| Ka̷ | | |

3 Finde ähnliche Wörter.

 die Kälte   die Stärke   die Wärme

kalt

Sonderseite *Ableiten*
1. Sprechblase erlesen; Begriffe erlesen; Mehrzahl überlegen; fehlendes Graphem eintragen
2. Begriffe erlesen; jeden Begriff dem verwandten Wort in den Schreibzeilen zuordnen; Wörter darunterschreiben
3. Wörter erlesen; bei jedem Wort nach einem verwandten Wort suchen; dieses Wort darunterschreiben

81

V v

1 V oder v hört sich an wie in  oder wie in 🐦.

· Verbinde die Bilder mit den richtigen Wörtern.

| Vase | Vogel | Klavier | Vampir | Vater | Kurve | vier |

---

2 Wie sprichst du das V oder v?

· Ordne die Wörter von Aufgabe 1 richtig zu.

Ⓜ

V ase

V

---

3 Am Himmel

· herrscht viel Verkehr.
Vier Vögel fliegen
um den Vulkan.
Vom Vulkan steigt
Rauch auf.

zu Fibelseite 116/117
1. Begriffe erlesen und mit den passenden Abbildungen verbinden
2. Begriffe aus Aufgabe 1 nach Klang des V/v abhören; in die richtige Schreibzeile schreiben
3. Sätze erlesen; Abbildung nach Textaussagen ergänzen

1 Schreibe immer das passende Wort in die Zeile.

Auf einem Klavier kann man etwas ...

<u>vor</u> _____ .

vor — zeigen ◯
vor — spielen ◯

Ein Geheimnis sollst du niemandem ...

_____ .

ver — kaufen ◯
ver — raten ◯

2 Dies ist ein Kreuzworträtsel mit V-Wörtern.

In diesem Rätsel gibt es nur Großbuchstaben.

Nina

| V | O | R | N | A | M | E |

A _ E

M

4 _ I E

Die Lösungswörter findest du auf Seite 82.

zu Fibelseite 116/117
1. Satzanfänge und Ergänzungen erlesen; passende Ergänzung ankreuzen und in Schreibzeile schreiben
2. Rätsel nach Vorgaben der Abbildungen lösen; Lösungswörter in Großbuchstaben eintragen; Sprechblase erlesen

83

Eu eu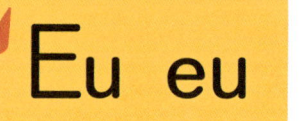

1 Leon freut sich über

seinen neuen Laptop.

Heute schickt er damit

einem Freund das Foto

einer Eule. Das ist gar nicht teuer.

Es kostet keinen Euro.

Die Augen der Eule leuchten gelb.

---

2 Schreibe die Wörter aus Aufgabe 1 in die richtige Zeile.

Eu | Eu

eu | f

3

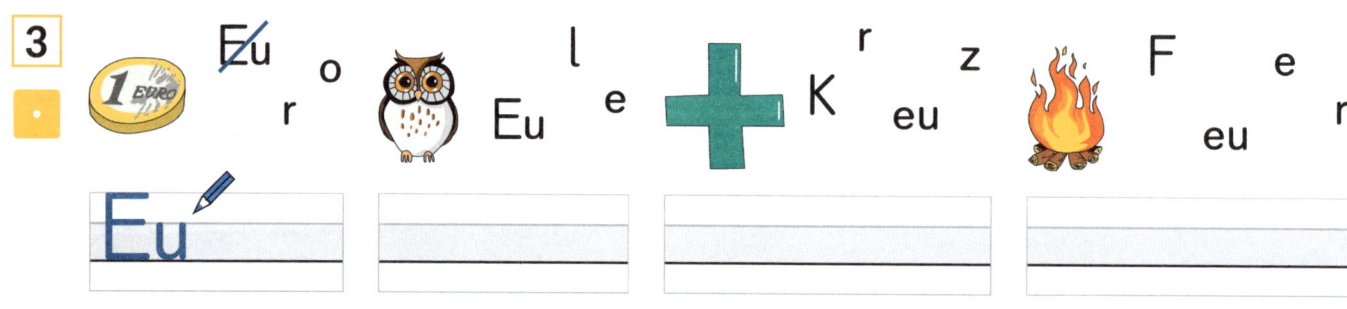

Eu

zu Fibelseite 122/123
1. Sätze erlesen; alle Eu/eu einkreisen; Abbildung nach Textaussagen ergänzen
2. Begriffe aus Aufgabe 1 nach Groß- und Kleinbuchstaben sortiert in die richtige Schreibzeile schreiben
3. Begriffe benennen; Einzelbuchstaben erlesen und in die richtige Reihenfolge bringen; Wörter aufschreiben; Wörter sprechschwingen

1 Schreibe die passenden Wörter in die Lücken.
Drei Wörter bleiben übrig.

leuchten ~~leuchten~~ Freude neue ankreuzen neugierig Zeug neun

Leons Augen _____.

Er hat heute mit Papa seine _____ E-Mail-Adresse

eingerichtet. Nina hat _____ zugeschaut,

aber nichts verstanden.

Deshalb hat sie ihr _____ eingesammelt

und ist zurück in ihr Zimmer gelaufen.

2

Sucht die Wörter mit Eu oder eu auf dieser Seite.
Schaut sie euch gut an.
Diktiert sie euch gegenseitig. Korrigiert gemeinsam.

3

  Freunde  F

zu Fibelseite 122/123
1. Auswahlwörter erlesen; Lückensätze erlesen und jeweils passendes Wort in Schreiblinie schreiben („Freude", „ankreuzen", „neun" bleiben übrig)
2. Partnerarbeit: alle Wörter mit Eu/eu auf dieser Seite heraussuchen und anschauen; Wörter gegenseitig diktieren und korrigieren
3. Wort abschreiben und Silbenbögen setzen

 85

nk

 Bank

1 Schreibe alle Reimpaare untereinander.

Schrank   winken   schenken   Bank   denken   trinken

Schrank

↓

B

2 Lies den Text in der Fibel auf Seite 124 und 125.

Kreuze an, was passt. ✗

○ Mama geht arbeiten und winkt zum Abschied.

○ Trinkt bitte euren Saft nur im Schrank.

○ Die Enkel bedanken sich bei Oma.

○ Vergrabt Omas Geschenk unter der Bank.

○ Oma kocht und die Kinder decken den Tisch.

○ Jojo liegt unter der Bank und schläft.

3 Suche im Internet ein Rezept
zu deinem Lieblingsessen.
Schreibe den Namen des Rezepts
und die Zutaten in dein Heft.
Stelle den anderen Kindern dein Lieblingsessen vor.

zu Fibelseite 124/125
1. Auswahlwörter erlesen und alle nk einkreisen; Reimwörter finden und untereinander in Schreibzeilen schreiben
2. Partnerarbeit: Fibelseiten 124/125 lesen; Auswahlsätze erlesen und die richtigen zwei Aussagen ankreuzen
3. Recherche im Internet nach einem Rezept; Name und Zutaten des Rezeptes ins Heft schreiben; Lieblingsessen der Klasse vorstellen

Ring  **ng**

1 Schreibe alle Reimpaare untereinander.

Ring   singen   Zunge   bringen   Junge   Ding

R _____   _____   _____

D _____   _____   _____

2 ⊗ Kreuze an, was stimmt.

○ Manchmal springen wir beim Fernsehen von einem Programm in das andere.

○ Meine Finger sind noch nicht so schnell auf der Laptop-Tastatur.

○ Beim Spaziergang soll ich nicht telefonieren.

○ Opa schimpft, weil sein Laptop zu langsam ist.

○ Am Anfang fand ich das Arbeiten am Tablet doof.

3 Lest gemeinsam diesen Wörterschlangensatz.
Trennt zuerst die Wörter. Schreibt den Satz dann ins Heft.
Gibt es ein Wort, das ihr großschreiben müsst?

Hastduauchschoneinmalineinerlangenschlangegewartet?

zu Fibelseite 126/127
1. Auswahlwörter erlesen und alle ng einkreisen; Reimwörter finden und untereinander in Schreibzeilen schreiben
2. Auswahlsätze erlesen und die richtigen Aussagen ankreuzen 3. Wortfolge mehrfach erlesen; Wortgrenzen ermitteln und durch einen senkrechten Strich kennzeichnen; Satz mit Satzschlusszeichen ins Heft schreiben; Groß- und Kleinschreibung beachten

ß 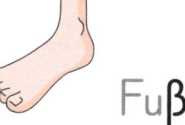 Fuß

---

1 Lies die Sätze und kreise alle Verben mit ß ein.

· Schreibe diese Verben in die Zeile ab. Setze Silbenbögen.

Mit einem Ball kannst du Tore schießen.

Pflanzen musst du gießen, wenn die Erde trocken ist.

Ein Seil kann manchmal reißen.

sch

---

2 Immer drei Wörter gehören zusammen.

· Kreise sie mit einer Farbe ein.

gießen   grüßen   die Gießkanne

der Gruß   sie gießt   er grüßt

---

3 Schreibe in dein Heft,

– welche Fernsehsendung du am liebsten siehst.

– welchen Podcast du am liebsten hörst.

– welches Computerspiel du am liebsten spielst.

4

fließen Fuß groß weiß

f

---

zu Fibelseite 128/129
1. Sätze erlesen; alle ß einkreisen; alle Verben mit ß in die Schreibzeile schreiben; Silbenbögen setzen
2. Einführung *Wortfamilie*: Wörter einer Wortfamilie mit der gleichen Farbe einkreisen
3. freies Schreiben nach Fragestellung 4. Wörter abschreiben und Silbenbögen setzen

Yacht  Pyramide  Baby

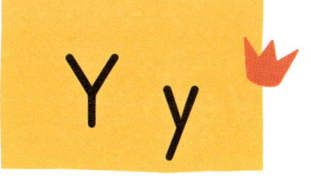 Y y

1 Das Ypsilon kann klingen wie:

J j	Ü ü	I i
Yak	Ypsilon	Pony

Schreibe die Wörter Baby, Yacht und Pyramide in die richtigen Spalten. Erklärt euch die Wörter.

2 Nino schreibt eine E-Mail nach Italien.

Kreise die Wörter mit y ein.
Welches y-Wort klingt am Ende anders als Baby/Pony?

An   elena_nevio@syrakus.it
Betreff Gruß von Nino

Liebe Tante Elena, lieber Onkel Nevio, wie geht es euch in Syrakus?
Ich bin gespannt, wann endlich euer Baby geboren wird.
Dann schicke ich ihm den Teddy, den Oma mir zu meiner Geburt geschenkt hat. Das ist doch okay, oder?
Liebe Grüße, Nino

3 Schreibe eine E-Mail an jemanden, den du magst.

zu Fibelseite 130/131
1. unterschiedliche Klänge des Y/y abhören; Wörter nachspuren und drei weitere Wörter richtig zuordnen; Begriffe gegenseitig erklären
2. E-Mail erlesen; alle Y/y einkreisen; „okay" als anders klingend herausfinden
3. freies Schreiben einer E-Mail

Verben

Diese Wörter nennen wir Verben.
Sie erklären, was jemand tut.
Verben schreiben wir klein.

1 Schreibe die passenden Verben neben die Bilder.

sitzen   pusten   verlieren   schaukeln   essen

sitzen

2 Kreise alle
Verben ein.

laufen   schreiben   Wiese   wo   Vogel

spielen   nass   Lineal   lesen   doof

3 Verben haben verschiedene Formen.

Was machen wir?

wir malen

wir rufen

Was macht er oder sie?

er malt

sie

Sonderseite *Verben*
1. Klassengespräch: Sprechblase erlesen und besprechen; Abbildungen betrachten; Verben im gelben Kasten erlesen und zur richtigen Abbildung schreiben
2. Wörter im gelben Kasten erlesen; alle Verben einkreisen
3. Verben in der 1. Person Mehrzahl erlesen, nachspuren; dann in die 3. Person Einzahl setzen und nachspuren/aufschreiben

Mäuse

1 Dreimal würfeln

• Mäuse	• putzen häufig	• ihr Fell.
•• Bäume	•• verlieren	•• bunte Blätter.
•• Läuse	•• vermissen	•• schöne Bäume.
•• Räuber	•• verschenken	•• Ringe.
•• Ponys	•• fressen	•• gesunde Kräuter.
••• Bäuche	••• mögen	••• Klöße mit Soße.

2 Oft wird in der Mehrzahl aus au ein äu.

  eine Maus ⟶  zwei Mäuse

  ein Baum ⟶  zwei

ein Zaun ⟶  zwei

3 Löse die Geheimschrift:

1	2	3	4	5	6	7	8	9
a	ch	J	j	n	o	r	sch	t

3	6	4	6
J			

8	5	1	7	2	9

zu Fibelseite 136
1. Satzteile einzeln erlesen; Satzteile würfeln und entstehende Sätze erlesen
2. Nomen mit Artikel im Singular lesen; Plural bilden, Zahlwort nachspuren und Nomen aufschreiben; äu einkreisen **3.** Einführung *Geheimschrift*: Zuordnung von Ziffern zu Buchstaben erörtern; Buchstaben nach Zahlencode in die Felder eintragen; entstehenden Satz erlesen (Lösung: „Jojo schnarcht")

91

C c

1

> Das C in Creme und Clown klingt wie in Computer.

> Das C in City klingt wie in Cent.

---

2 Kreise alle Wörter mit C oder c wie in blau ein.

· Unterstreiche alle Wörter mit C wie in blau.

City (Computer) Center

Comic Cent

---

3 Schreibe die Wörter aus Aufgabe 2 in die richtige Zeile.

·

(M)

 City

zu Fibelseite 137
1. Sprechblasen erlesen; Wörter nach Klang des C/c abhören
2. Wörter je nach Klang des C/c entweder unterstreichen oder einkreisen
3. Nomen aus Aufgabe 2 nach Klang des C/c in die richtige Schreibzeile schreiben

1 Bringe die Bilder in die richtige Reihenfolge.

Lösungswort:

1				
C				

2 Schreibe deine Geschichte ins Heft.

zu Fibelseite 137
1. Bilder anschauen und dazu erzählen; Sprechblasen lesen; Bilder in die richtige Reihenfolge bringen; beim Lösungswort die Buchstaben nach der Zahlenfolge
eintragen (Lösungswort: „Comic")
2. freies Schreiben

 93

Qu qu

1 Markiere alle Qu und qu.

· Ordne die Wörter dann ohne Artikel den richtigen Bildern zu.

der Qualm   das Aquarium   der Quark

quaken   das Quadrat   die Qualle

Qua

---

2 Beantwortet die Quizfragen.

1. Wie kann ein Kartenspiel heißen?
   ◯ Quelle   ◯ Quartett   ◯ Quadrat

2. Was ist aus Milch und sehr gesund?
   ◯ Qualm   ◯ Quirle   ◯ Quark

3. Was tun die Frösche häufig?
   ◯ sie quasseln   ◯ sie quaken   ◯ sie quietschen

---

3 Wähle ein Nomen mit Qu oder qu aus.
Schreibe in dein Heft, was es bedeutet.

zu Fibelseite 142
1. Begriffe erlesen und alle Qu/qu einkreisen; Abbildungen betrachten und Nomen ohne Artikel in die richtige Schreibzeile schreiben
2. Gruppenarbeit: Quizfragen und Auswahlantworten erlesen; Lösungen überlegen, besprechen und ankreuzen
3. freies Schreiben: Erklärung eines Begriffes mit Qu/qu

 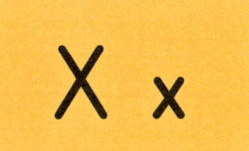

1 Schreibe die Wörter ohne Artikel zu den passenden Bildern.

die Hexe   das Xylophon   der Mixer   das Taxi

H

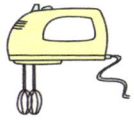

2 Mache aus jedem Nomen ein Verb.

der Quatsch →
wir quatschen

der Boxer ⟶ **wir b**

der Mixer ⟶

3

Nun ist das Schuljahr schon zu Ende und ihr habt verflixt fix lesen gelernt. Echt super!

Lesen macht auch richtig Spaß!

Ja, und deshalb möchte ich jetzt auch in die Bücherei gehen. Dort leihe ich mir ein Tier-Lexikon aus.

zu Fibelseite 143
1. Abbildungen betrachten und Nomen ohne Artikel in die richtige Schreibzeile schreiben
2. Sprechblase erlesen; Verben zu den Nomen finden und in die Schreibzeilen schreiben
3. Gruppenarbeit: Sprechblasen abwechselnd erlesen

95

Inhalt

Jo-Jo 1

mit
Silben
lesen

Name

Fibel
Das kann ich schon
Druckschrift

Cornelsen

Datum: _____

1

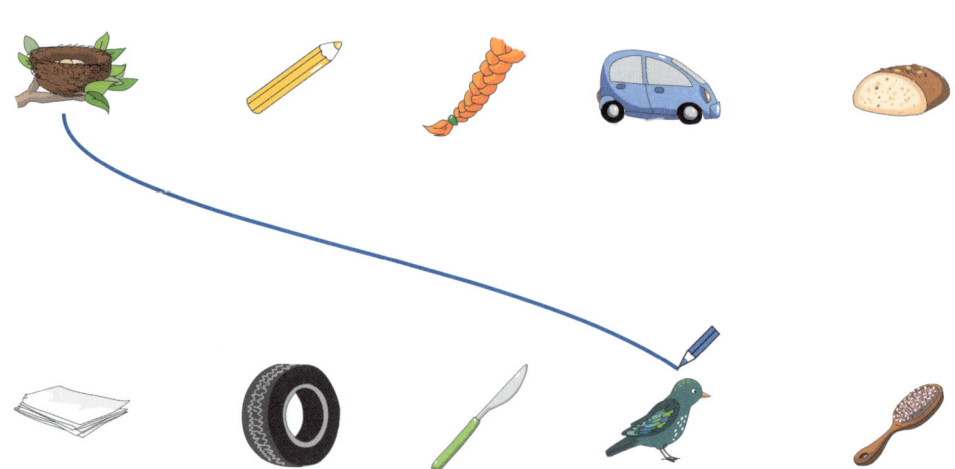

2

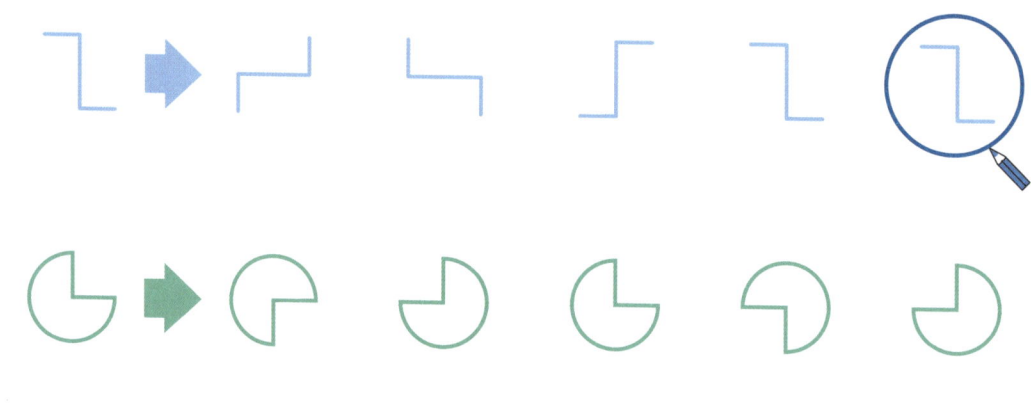

3

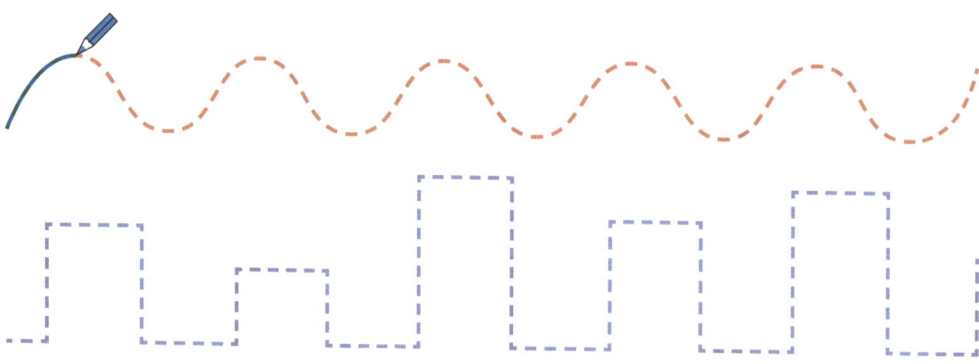

1

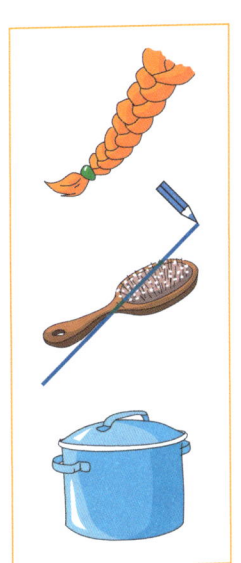

2

3

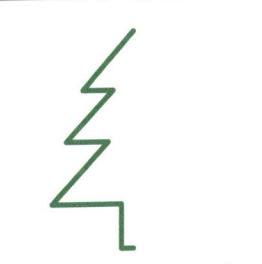

3

Datum: _____

1

A	I	N	T	O	M

i	o	a	m	t	n

2

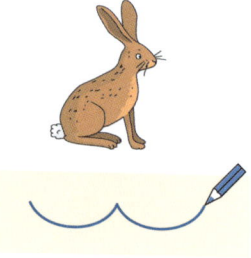  

3

Mama   Oma   Nino   Toni   Ina

Datum: _____

1

E	e

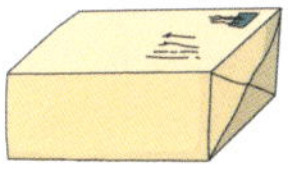

| | X | |
| | | |

W	w

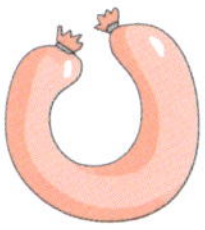

2

Si	pel	
Sa	mon	
E	lat	**Salat**
Am	sel	

3

○ Opa will mit Papa essen.

○ Opa will etwas lesen.

Datum: _____

1

→ a e i o u

N i n o ruft Tante Lena an.

2

Rei me. Ni no   Na me

Dino

Do se   Rie se

3

N

4

Was soll Ninos Husten heilen?

◯ Nudeln im Tee   ◯ roter Hustensaft

Datum: _____

1

der Ball

die B _____

der Ast

die _____

2

Welche Wörter passen zu den Bildern?

zie | fe | sau | gen | gen | hen

fe _____

_____

_____

3

Welches Wort passt?

Brot   Papier   Rosinen

Aus P _____ kann ich einen Hut falten.

Ninas Bruder isst Käse auf dem _____.

_____ passen prima zu Müsli.

1 der oder die oder das?

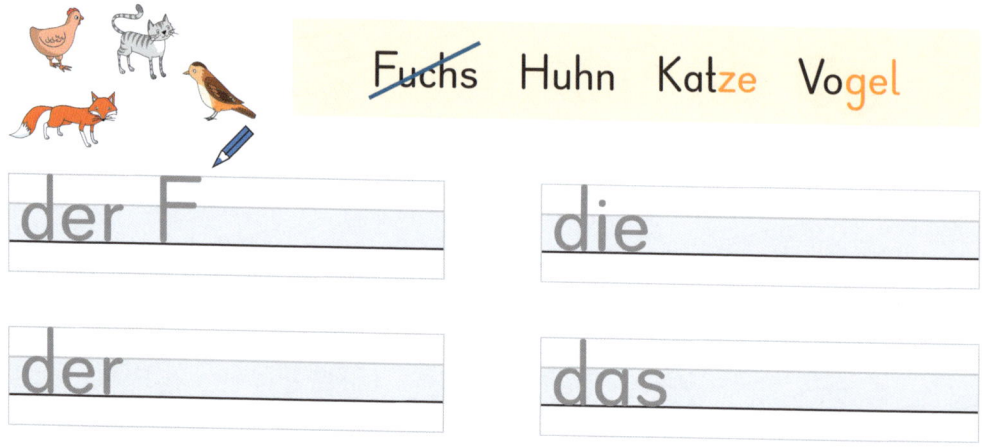

Fuchs̶ Huhn Katze Vogel

der F_____   die _____

der _____   das _____

2

○ Pflanzen wachsen am besten ohne Wasser.

○ Auf einer Geige kann man etwas vorspielen.

○ Ein Vulkan spuckt jedes Jahr Bonbons aus.

3

Welches Wort passt?

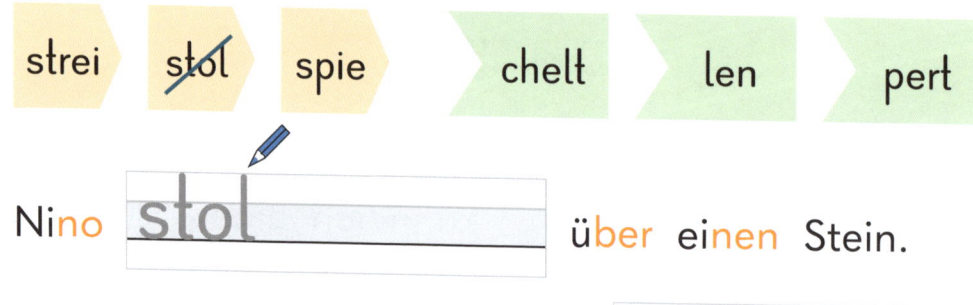

Nino stol _____ über einen Stein.

Ninas Vater kann gut Klavier _____.

Paola _____ jede dicke Katze.

1 Lies zuerst diesen Text.

Die Kinder sind in der Bücherei.
Nina hat ein Detektiv-Buch entdeckt.
Nino schaut sich ein Fotobuch über
das Tauchen an.
Leon sucht ein Buch mit Jo-Jo-Tricks.

Paola lässt sich ihr Lieblingsbuch von
der Hexe Lexa auf dem Tablet vorlesen.

2 Was sucht Leon in der Bücherei?

3 Schreibe etwas zu diesem Bild auf.

Lesen

Vorlage zum Führen individueller Kompetenzgespräche

Auf den nachfolgenden Seiten bespricht die Lehrkraft mit jedem Kind, was es schon alles in der Schule gelernt hat.

Einschätzung der Kinder: 🟢 leicht
🟡 mittel
🔴 schwer

Lesefähigkeit erwerben	🟢🟡🔴	Notizen
Laute den richtigen Buchstaben zuordnen	◯	
Silben lesen	◯	
Wörter lesen und verstehen	◯	
Sätze lesen und verstehen	◯	
kleine Texte lesen und verstehen	◯	

Texterschließungs-strategien kennenlernen und anwenden	🟢🟡🔴	Notizen
Informationen in kurzen Texten finden	◯	
Fragen formulieren	◯	
auf W-Fragen Antworten finden	◯	

Mit Texten und anderen Medien auseinandersetzen

über Textwissen verfügen	🟢 🟡 🔴	Notizen
verschiedene kleine Texte lesen, z. B.: Geschichten, Gedichte, Sachtexte	⚪	
Text nach eigenem Interesse auswählen	⚪	
Titel und Autor eines Buches benennen	⚪	

Texte präsentieren	🟢 🟡 🔴	Notizen
laut vorlesen	⚪	
Gedicht auswendig vortragen	⚪	
Kinderbuch auswählen und vorstellen	⚪	
Texte szenisch gestalten	⚪	

Schreiben

Schreiben	🟢🟡🔴	Notizen
lesbare Buchstaben in Druckschrift schreiben	◯	
Wörter in Druckschrift schreiben	◯	
mit digitalen Schreibwerkzeugen schreiben	◯	

Richtig schreiben	🟢🟡🔴	Notizen
den eigenen Namen richtig schreiben	◯	
lautgetreu schreiben ⊙	◯	
Merkwörter schreiben Ⓜ	◯	
Satzanfänge großschreiben	◯	
Nomen großschreiben	◯	
Wörter verlängern, ↪ z. B.: Hund – Hunde	◯	
Wörter ableiten, ⚡ z. B.: Apfel – Äpfel	◯	
Satzschlusszeichen (. , ?, !) setzen	◯	

Richtig schreiben	🟢 🟡 🔴	Notizen
Wörter und Sätze richtig abschreiben	◯	
Abschreibstrategie anwenden	◯	

Texte verfassen	🟢 🟡 🔴	Notizen
Schreibumgebung einrichten	◯	
etwas für mich aufschreiben, z. B.: Notizen, Einkaufszettel	◯	
etwas für andere aufschreiben, z. B.: Einladung, Steckbrief, Mail	◯	
zu Bildern schreiben	◯	
Reime ergänzen	◯	
Rückmeldungen von anderen Kindern zum eigenen Text einarbeiten	◯	
Rückmeldungen geben	◯	

Sprechen und Zuhören

Zu und vor anderen sprechen	🟢🟡🔴	Notizen
Lautstärke beachten	◯	
Standardsprache verwenden	◯	
szenisches Sprechen	◯	

Mit anderen sprechen	🟢🟡🔴	Notizen
sich an Gesprächen beteiligen	◯	
Gesprächsregeln beachten, z. B.: Handzeichen, Blickkontakt	◯	
Bezug auf Gegenüber nehmen	◯	
die eigene Meinung äußern	◯	

Sprache und Sprachgebrauch untersuchen

Verstehend zuhören	🟢 🟡 🔴	Notizen
aufmerksam und konzentriert zuhören	◯	
Informationen wiedergeben	◯	
Nachfragen bei Nichtverstehen	◯	

Sprachliche Strukturen untersuchen und nutzen	🟢 🟡 🔴	Notizen
Wörter in Silben zerlegen	◯	
Wörter aus Silben bauen	◯	
Selbstlaute/Silbenkönige erkennen	◯	
Umlaute erkennen	◯	
Nomen erkennen	◯	
Artikel zuordnen	◯	
Reime ergänzen	◯	

Das kann ich schon

Datum: _____

Das finde ich　🟢　🟡　🔴

　　　　　　leicht　mittel　schwer

1. Ich kann kurze Sätze lesen. ◯ ◯ ◯

2. Ich kann Fragen stellen,
   wenn ich was nicht verstehe. ◯ ◯ ◯

3. Ich kann laut vorlesen. ◯ ◯ ◯

4. Ich kann in Druckschrift schreiben. ◯ ◯ ◯

5. Ich kann . ? ! richtig setzen. ◯ ◯ ◯

6. Ich kann die 🐾 nutzen. ◯ ◯ ◯

7. Ich kann Gesprächsregeln beachten. ◯ ◯ ◯

8. Ich kann Silbenkönige erkennen. ◯ ◯ ◯

Erarbeitet von: Christiane Pfläging-Meyer, Nicole Namour
Redaktion: Nicole Namour, Kirsten Pauli
Illustrationen: Manuela Ostadal, Barbara Jung (Figuren S. 4, 5, 7, 9, 11, 13, 14),
Dorothee Mahnkopf (S. 1)
Umschlaggestaltung: Heike Börner, orangerie-grafikdesign
Layout und technische Umsetzung: Reemers Publishing Services GmbH

Dieses Heft ist Bestandteil des Jo-Jo Fibel Arbeitsheftes (ISBN 978-3-464-81205-1) und nicht
einzeln bestellbar.